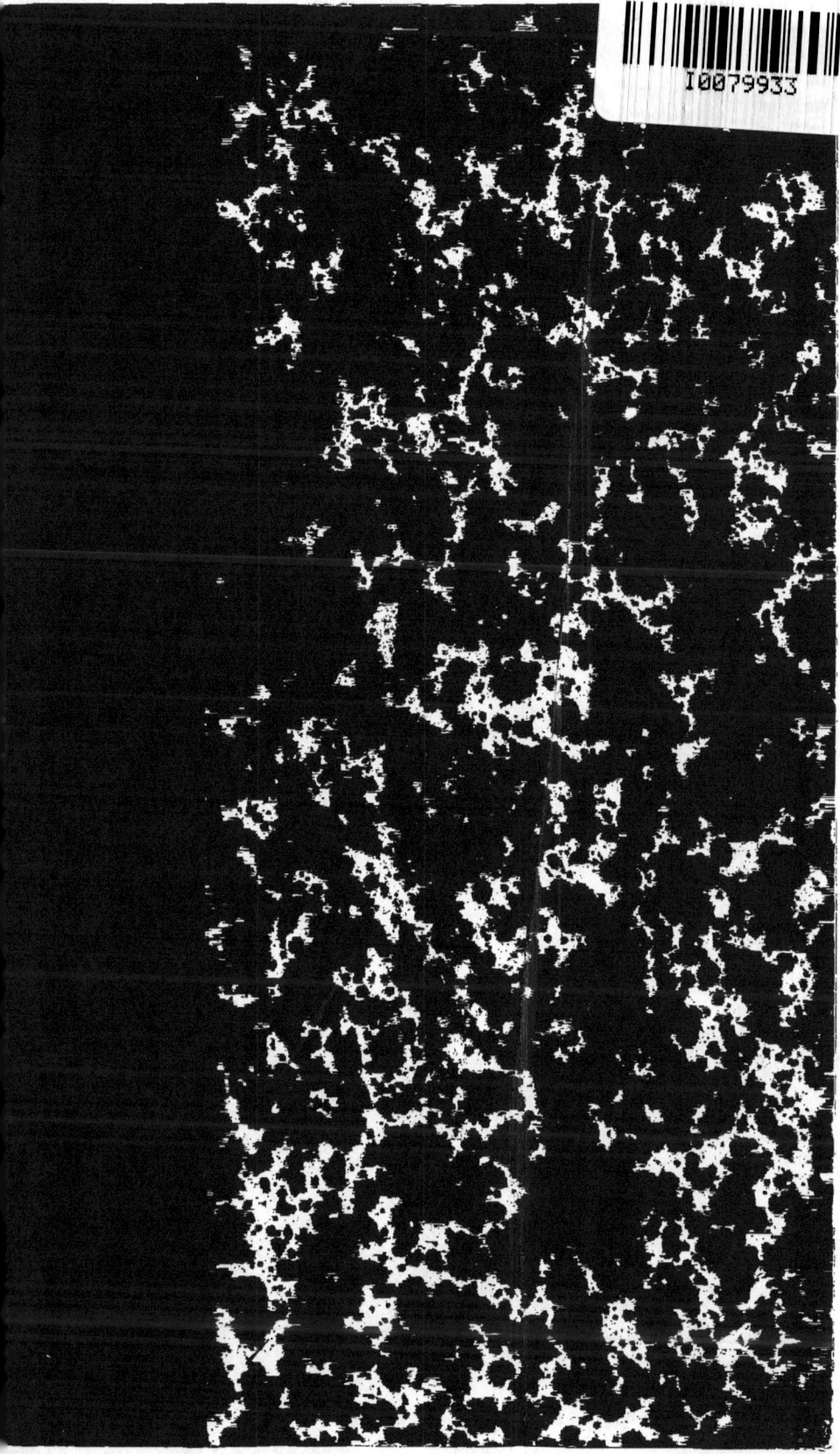

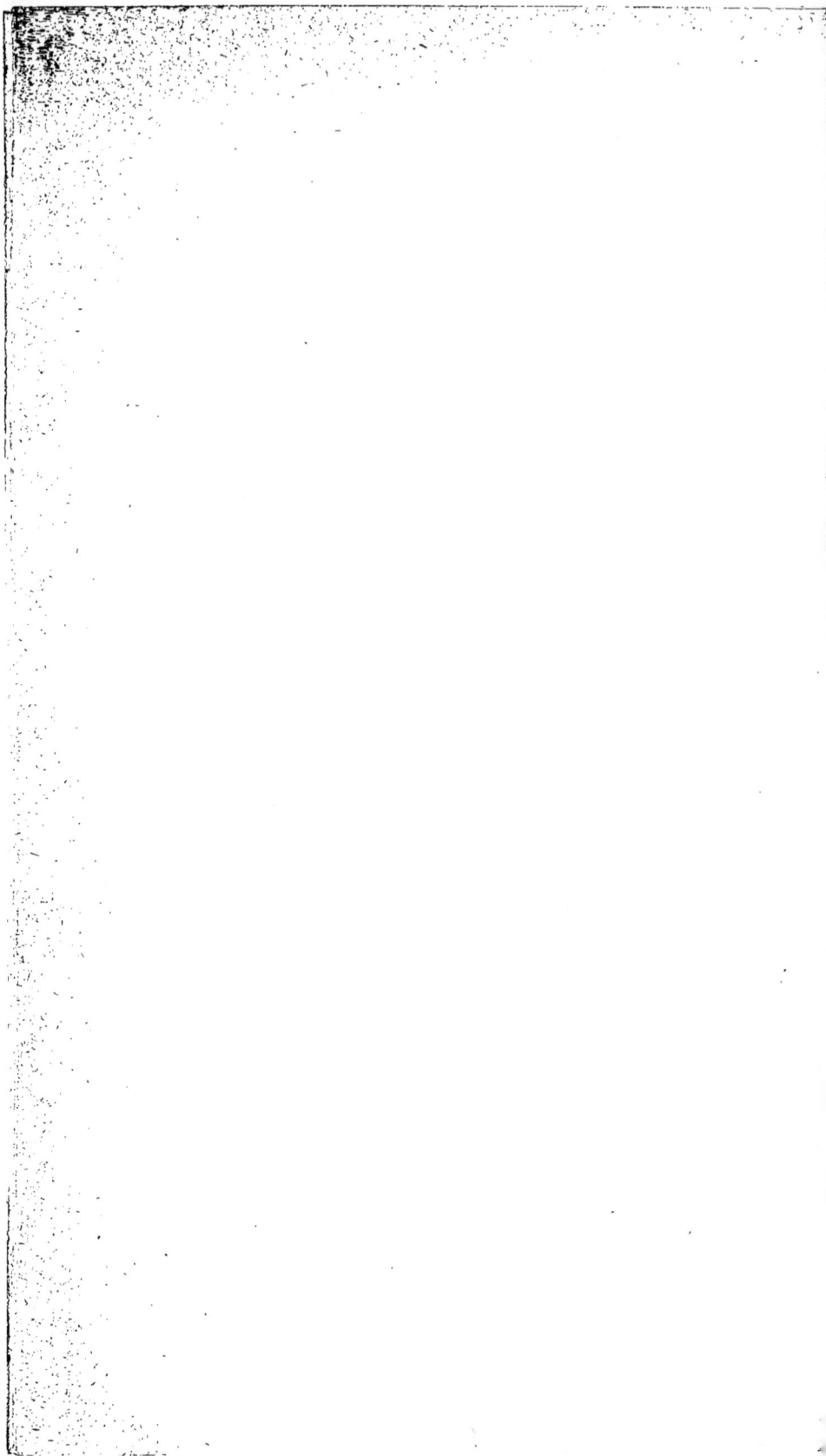

LA
Guerre

DE

1870-71 $\int$117

X

Journées du 13 au 23 Août

LA RETRAITE SUR CHALONS

PARIS

LIBRAIRIE MILITAIRE R. CHAPELOT et Cᵉ

IMPRIMEURS-ÉDITEURS

30, Rue et Passage Dauphine, 30

1905

LA

GUERRE DE 1870-71

X

Journées du 13 au 23 Août

LA RETRAITE SUR CHALONS

Publié par la **Revue d'Histoire**

rédigée à la **Section** historique de l'État-Major de l'Armée

LA
Guerre

DE

1870-71

X

Journées du 13 au 23 Août

LA RETRAITE SUR CHALONS

PARIS

LIBRAIRIE MILITAIRE R. CHAPELOT ET Cᵉ

IMPRIMEURS-ÉDITEURS

30, Rue et Passage Dauphine, 30

—

1905

SOMMAIRE

Retraite de l'armée d'Alsace sur le camp de Châlons.

Pages.

13 août... 2
14 août... 5
15 août... 8
16 août... 12
17 août... 16
18 août... 21
19 août... 25
20 août... 27
21 août... 29
22 août... 30
23 août... 30

**La IIIᵉ armée et l'armée de la Meuse
du 13 au 22 août 1870.**

13 août... 31
14 août... 34
15 août... 36
16 août... 37
17 août... 39
18 août... 42
19 août... 46
20 août... 49
21 et 22 août... 52

DOCUMENTS ANNEXES

Journée du 13 août.

Pages.

1ᵉʳ corps... 1
5ᵉ corps... 7
7ᵉ corps... 11

Journée du 14 août.

1ᵉʳ corps... 13
5ᵉ corps... 16

Journée du 15 août.

1ᵉʳ corps... 21
5ᵉ corps... 27
7ᵉ corps... 30
Renseignements.. 31

Journée du 16 août.

État-major général... 33
1ᵉʳ corps... 35
5ᵉ corps... 40
7ᵒ corps... 46
Renseignements.. 47

LA

GUERRE DE 1870-1871

Retraite de l'armée d'Alsace sur le camp de Châlons [1]

Le 12 août, dans la soirée, l'armée d'Alsace occupait les emplacements ci-après :

1er CORPS.

Quartier général...........	Haroué.
1re division	Neuviller-sur-Moselle et Saint-Remi-mont.
2e —	Crantenoy.
3e —	Haroué.
4e —	La Neuveville devant Bayon.
Division de cavalerie........	Brigade de Septeuil. Vézelise.
	Brigades Nansouty et Michel....... Colombey.
	Réserves d'artillerie et du génie..... Colombey.

5e CORPS.

Quartier général...........	Mirecourt.
1re division	Ambacourt.
2e —	Poussey.
3e —	Charmes.

(1) Voir la carte au 1/320,000e annexée au présent fascicule.

Division de cavalerie	Charmes (1).
Réserve d'artillerie	Poussey.
Réserve du génie	Mirecourt.

7ᵉ CORPS.

Quartier général	Belfort.
1ʳᵉ division	Lemainville et Ormes.
2ᵉ —	Belfort.
3ᵉ —	Belfort.
Division de cavalerie	Brigade Cambriel .. Belfort.
	Brigade Jolif du Coulombier ..... Lyon.

RÉSERVE DE CAVALERIE

Division de Bonnemains	Colombey.

---

13 août.

Le maréchal de Mac-Mahon, apprenant le 12 la présence de l'ennemi à Lunéville et à Nancy (2), se décida à abandonner la direction de Bar-le-Duc et à se diriger sur Neufchâteau, d'où il espérait pouvoir faire transporter les troupes du 1ᵉʳ corps au camp de Châlons par voie ferrée (3). L'ordre de mouvement établi le 12 au soir pour la journée du 13, fut annulé et, à cette dernière date, les éléments du 1ᵉʳ corps, après avoir marché sur Vézelise, se dirigèrent vers le Sud-Ouest, par Ognéville,

---

(1) Le 5ᵉ hussards est réparti entre les divisions d'infanterie et le quartier général : 1ʳᵉ division, 3ᵉ escadron ; 2ᵉ division, 4ᵉ escadron ; 3ᵉ division, 2ᵉ escadron ; quartier général, 1ᵉʳ escadron.

(2) Le Ministre de la guerre au maréchal de Mac-Mahon, 12 août. (D. T.)

(3) *Souvenirs* inédits du maréchal de Mac-Mahon ; *Historique* de la 4ᵉ division du 1ᵉʳ corps.

Lalœuf, Vandeléville. Le quartier général fut transféré
à Vicherey; la 1re division s'arrêta à Vézelise; la 2e sta-
tionna à Vicherey (1); la 3e, avec la brigade de Septeuil,
à Pleuvezain; la 4e à Tramont-Saint-André, Aroffe et
Soncourt (2). Un escadron se porta en reconnaissance à
Pont-Saint-Vincent où il resta jusqu'à la nuit et gagna
ensuite Pleuvezain (3). Le maréchal de Mac-Mahon prescrivit la destruction des ponts de Bayon et de Flavigny-
sur-Moselle.

Le même jour, les divisions de cavalerie Bonnemains
et Duhesme, moins la brigade de Septeuil chargée de
l'escorte de la réserve d'artillerie, se rendirent de
Colombey à Neufchâteau (4). La division Conseil-
Dumesnil s'établit à Tramont-Lassus et Tramont-Emy.

Dans la soirée, le maréchal de Mac-Mahon fit connaître
par télégramme au Ministre de la guerre que, le lendemain 14 août, toutes les unités sous ses ordres seraient
réunies à Neufchâteau. Il lui demandait en même
temps la direction ultérieure à suivre et ajoutait que
« vu la fatigue des troupes, il y aurait urgence à porter,
par les voies ferrées, sur le point indiqué, l'infanterie,
son artillerie, ses bagages et l'artillerie de réserve; la
cavalerie, les voitures d'artillerie non indispensables
pourraient être dirigées par étapes... » Par une dépêche
en date du 13, le Ministre autorisa le Maréchal à effec-

----

(1) Le mouvement fut mal préparé. « La 2e division fut arrêtée pendant près de deux heures à Lalœuf pour laisser passer les bagages de
l'état-major général ». (*Historique* de la division.)

(2) On avait d'abord assigné à la 4e division Tramont-Emy; « cette
fausse direction nous fait arriver au gîte à 4 heures seulement ». (*Historique* de la division.)

(3) Le fait est mentionné dans le *Journal* de marche du 1er corps,
sans qu'aucun des *Historiques* des corps de la division Duhesme le
relate.

(4) Le 10e régiment de dragons, de la division Duhesme (brigade
Nansouty), rejoignit sa division à Neufchâteau.

tuer son mouvement, par voie ferrée, sur le camp de
Châlons, s'il jugeait pouvoir le faire sans compromettre
la sécurité de son corps d'armée. Par un télégramme du
14, il confirma le précédent et annonça que les 5ᵉ et 7ᵉ
se rendraient également au camp de Châlons.

Le général de Failly, obligé par la marche du
1ᵉʳ corps d'appuyer vers le Sud-Ouest, se proposait de
se diriger sur le camp de Châlons par Lamarche, Montigny, Chaumont. Ses divers éléments vinrent s'établir,
dans la journée du 13 : le quartier général à Laneuveville-sous-Châtenois ; la 1ʳᵉ division, dans cette même
localité et à Houécourt ; la 2ᵉ, avec la réserve d'artillerie,
à Sandocourt ; la 3ᵉ à Rozerotte et Remoncourt.

Le général Brahaut, commandant la division de cavalerie, avait été chargé, le 12, de rompre les ponts de
Bayon et de Charmes, puis ceux du Madon ; la compagnie du génie de la 3ᵉ division avait été mise à sa disposition à cet effet (1). Le 13, à 5 heures du matin, le
général de Bernis, commandant la 1ʳᵉ brigade, partit de
Charmes pour Bayon avec le 12ᵉ chasseurs, une section
d'artillerie et un détachement du génie transporté sur
des voitures de réquisition. Mais en arrivant à destination, il trouva le pont déjà incendié par le 1ᵉʳ corps (2). Il
demeura à Bayon jusqu'à midi, puis se porta sur Vézelise, en brûlant le pont d'Haroué, sur le Madon, et atteignit Mirecourt dans la soirée (3).

---

(1) La division de cavalerie du 5ᵉ corps ne disposait plus que de
deux régiments : 12ᵉ chasseurs, 5ᵉ lanciers. Le 5ᵉ hussards était
réparti entre le quartier général et les divisions d'infanterie. Le 3ᵉ lanciers était resté avec la brigade Lapasset.
(2) *Carnet* de campagne du lieutenant Lefort. Une travée du pont
avait été incendiée le 13 au matin par une demi-compagnie de chemins
de fer (1/5 du 1ᵉʳ régiment du génie).
(3) D'après l'*Historique* du 12ᵉ chasseurs, le détachement du génie
détruisit le pont de bois de Bainville-aux-Miroirs.

D'autre part, le général de La Mortière, commandant la 2ᵉ brigade de la division, devait séjourner à Charmes jusqu'à 2 heures de l'après-midi, avec le 5ᵉ lanciers et le reste de la compagnie du génie, et faire détruire le pont de la route et celui du chemin de fer sur la Moselle. Mais on ne put faire sauter celui-ci qu'à 6 heures du soir (1), et les travaux de rupture du premier n'étant pas encore terminés à ce moment, le général de La Mortière passa la nuit à Charmes.

14 août.

Le 1ᵉʳ corps et la division Conseil-Dumesnil se portent sur Neufchâteau en une seule colonne, par Pleuvezain, Rainville, Rémoville et l'Étanche; la 3ᵉ division, en tête, part de Pleuvezain au point du jour et arrive à Neufchâteau vers 10 heures (2). Toutes les troupes campent au Nord de la ville, sur les deux rives de la Meuse. A l'arrivée de l'infanterie, les divisions de cavalerie Bonnemains et Duhesme se mettent en marche pour aller camper à Poissons, escortant la réserve d'artillerie qui stationne à Aillianville.

De Neufchâteau, le maréchal de Mac-Mahon télégraphia, à 8 heures du matin, au maréchal Bazaine. Il lui annonçait que toutes les troupes dont il avait le commandement se trouvaient dans cette ville; que la cavalerie et la réserve d'artillerie arriveraient au camp de Châlons le 18 août, par voie de terre; que toute l'infanterie et les batteries divisionnaires y seraient transportées par chemin de fer.

Le maréchal de Mac-Mahon demandait à cet effet

---

(1) La compagnie du génie n'avait pas de poudre; on dut en envoyer chercher à Épinal (*Historique* du 2ᵉ régiment du génie).

(2) *Journal* de marche du 1ᵉʳ corps. — Le *Journal* de marche de la

par télégramme à la Compagnie de l'Est, à Paris, le matériel nécessaire pour le transport de 22,000 hommes d'infanterie, 3,500 chevaux, 500 bouches à feu ou voitures (1). La Compagnie fit les plus louables efforts pour effectuer l'opération dans le plus bref délai possible. La distance de Neufchâteau à Châlons étant de 170 kilomètres, dont la presque totalité en voie unique, et la ligne de Neufchâteau à Bologne étant, en outre, un embranchement à fortes rampes sur lequel il était difficile de faire arriver rapidement tout le matériel requis, le directeur de l'exploitation pria le maréchal de Mac-Mahon de faire opérer l'embarquement d'une partie de la cavalerie et de l'artillerie aux stations de Donjeux et de Joinville. Cette mesure diminuait de 50 kilomètres la distance à parcourir et offrait, en outre, l'avantage de supprimer la bifurcation de Bologne. Le Maréchal s'empressa de faire droit à cette demande (2).

Le général de Septeuil reçut, dans la journée du 14, l'ordre de se rendre en deux étapes, les 15 et 16 août, à Joinville avec sa brigade de cavalerie légère et les quinze batteries divisionnaires, en suivant l'itinéraire : Liffol-le-Grand, Aillianville, Trampot, Morionvilliers, Germay et Brouthières. Il lui était recommandé d'arriver le 16, de très bonne heure, à Joinville où s'opérerait, le même jour, l'embarquement de la colonne à destination du camp de Châlons.

A Neufchâteau, l'opération commença, dès le 14 au soir, par la 2ᵉ division du 1ᵉʳ corps qui fut enlevée en

---

3ᵉ division dit au contraire : départ à 6 heures du matin, arrivée à Neufchâteau vers 1 heure de l'après-midi.

(1) Jacqmin, *Les Chemins de fer pendant la guerre de 1870-1871*, page 137.

(2) *Ibid.* — 320 chevaux (en général des chevaux d'officiers) furent dirigés en outre sur la gare de Bologne.

quatre trains, dont le dernier partit le 15 à 2 heures du matin (1).

Le 5ᵉ corps effectua les mouvements ci-après : le quartier général fut transféré de Laneuveville-sous-Châtenois à Lamarche; la 1ʳᵉ division se porta de Laneuveville-sous-Châtenois et de Houécourt à Damblain et Blévaincourt, en passant par Bulgnéville; la 2ᵉ division et la réserve d'artillerie, de Sandocourt à Colombey-lès-Choiseul; la 3ᵉ division, de Rozerotte et Remoncourt à Lamarche, par Vittel et Contrexéville. Le 12ᵉ chasseurs à cheval se rendit de Mirecourt à Lignéville après avoir été rejoint par le 5ᵉ lanciers. Celui-ci avait dû quitter Charmes sans que le pont fût détruit. Malgré le travail de nuit des sapeurs du génie, les puits de mine n'étaient pas encore assez profonds le 14 au matin, pour que l'explosion pût renverser complètement une arche. D'ailleurs, sur une demande adressée par le maire de Charmes au général de Failly, le commandant du génie de la 3ᵉ division avait reçu l'ordre de cesser les travaux et de rejoindre sa division (2).

---

(1) *Journal* de marche de la division.

« A 5 heures du soir, un capitaine d'état-major donne l'ordre de conduire le 78ᵉ à la gare. Ce mouvement, ordonné beaucoup trop tôt, est cause que les hommes n'ont pas le temps de manger. L'embarquement n'a lieu qu'à 2 heures du matin. » (*Historique* du 78ᵉ de ligne.)

La demi-compagnie de sapeurs de chemins de fer (1/3 du 1ᵉʳ régiment du génie), appartenant à la réserve du génie du 1ᵉʳ corps, coopéra aux embarquements en chemin de fer dans les gares de Neufchâteau et de Bologne. Les opérations furent longues en raison du faible développement des quais. Il n'en existait que deux à Neufchâteau : l'un à la halle aux marchandises, où l'on pouvait simultanément embarquer 50 à 60 chevaux, l'autre découvert devant lequel deux trucs seulement pouvaient être placés. En outre, la gare de Neufchâteau étant le *terminus* de l'embranchement de Bologne ne comportait « qu'un nombre restreint de voies établies en éventail ». Les manœuvres ne pouvaient y être rapides. (Renseignements extraits du *Carnet* de campagne du lieutenant du génie Lefort.)

(2) *Journal* de marche de la division de cavalerie du 5ᵉ corps.

15 août.

La 3ᵉ division du 1ᵉʳ corps, la division Conseil-Dumesnil du 7ᵉ, la 4ᵉ du 1ᵉʳ, s'embarquent successivement à
Neufchâteau. Les 2ᵉ et 3ᵉ divisions arrivent dans la
journée au camp de Châlons et vont s'établir respectivement à Bouy et Louvercy.

A son passage à Blesme, le général Chagrin de Saint-
Hilaire, commandant la 2ᵉ brigade de la division
Conseil-Dumesnil, trouve un ordre du Ministre de la
guerre lui prescrivant de débarquer 600 hommes pour
défendre la gare contre les entreprises des coureurs
ennemis (1). Le général de Saint-Hilaire y laisse en conséquence le IIIᵉ bataillon du 47ᵉ et le IIIᵉ bataillon du 99ᵉ
qui remplissent cette mission jusqu'au 16 au soir; le reste
de la brigade arrive au camp de Châlons dans la nuit du
15 au 16. Quant à la 1ʳᵉ brigade de la division, elle ne
part de Neufchâteau que le 15 août à 8 heures du soir (2).

Pendant ce temps, la brigade de cavalerie légère de
Septeuil, escortant les quinze batteries divisionnaires et le
train des équipages du quartier général, et se dirigeant
sur Joinville, était allée, par une première étape, s'établir à Germay et Thonnance-les-Moulins. La réserve
d'artillerie du 1ᵉʳ corps se portait d'Aillianville à Joinville

---

(1) Cette mesure de précaution était motivée sans doute par le télégramme suivant adressé à 5 h. 35 du soir par le général commandant
la 4ᵉ division militaire, à Châlons-sur-Marne, au Ministre de la
guerre :

« L'inspecteur principal du chemin de fer de l'Est reçoit la dépêche
suivante : « Si Bar (-le-Duc) est occupé par l'ennemi, il va venir couper
le chemin de fer à l'embranchement de Blesme. Prière à l'autorité
militaire de défendre ce point; n'ayant pas de troupes, j'ai télégraphié
cet avis au camp. »

(2) Les *Historiques* des corps de la 1ʳᵉ brigade disent, au contraire,
que cette brigade partit la première de Neufchâteau.

et au Nord ; les divisions de cavalerie Bonnemains et
Duhesme, de Poissons à Saint-Dizier.

Le maréchal de Mac-Mahon partit de Neufchâteau le
15 dans l'après-midi, pour se rendre au camp de Châlons, après avoir donné des instructions au général
Duhesme pour son mouvement ultérieur. Il le chargeait
de protéger la marche de la réserve d'artillerié et d'attendre à Saint-Dizier qu'elle fût arrivée à Humbécourt le
16 (1). Le 17, tandis qu'elle se porterait sur Vitry par
Blaise, le général Duhesme devait suivre la route de
Saint-Dizier, par Thiéblemont, à Vitry ; le dernier régiment de sa colonne marchant à hauteur de la gauche des
batteries. De Vitry, l'artillerie gagnerait Châlons par la
route de la rive gauche de la Marne ; la cavalerie, réglant
sa marche sur la sienne, et suivant la rive droite (2). Le
général Forgeot, commandant l'artillerie du 1er corps, se
proposait d'arriver au camp de Châlons en trois étapes
jalonnées par Vassy et Vitry.

En arrivant à Joinville vers 3 heures, le maréchal de
Mac-Mahon apprit que l'ennemi occupait Bar-le-Duc et
qu'on avait « vu des éclaireurs sur Blesme (3) ». Il prévint
aussitôt le général Ducrot que son mouvement s'exécu-
terait par Bar-sur-Aube où se dirigeraient d'ailleurs tous
les trains qui n'avaient pas encore dépassé Joinville,
ainsi que les divisions de cavalerie Bonnemains et
Duhesme et toute l'artillerie du 1er corps (4).

---

(1) A dater du 16, le parc du 1er corps devait marcher avec la
la réserve d'artillerie. (*Ordre* du général Forgeot.)

(2) Le maréchal de Mac-Mahon au maire de Saint-Dizier (pour le
général Duhesme). — A dater du 16, par ordre du général Forgeot,
le 6e lanciers devait cesser de servir d'escorte à la réserve d'artillerie
et se rendre à Châlons en trois jours. Un contre-ordre en date du 16
lui prescrivit de se joindre à la brigade de Septeuil.

(3) Le maréchal de Mac-Mahon au général Ducrot, Joinville,
15 août, 3 heures soir. (D. T.)

(4) *Ibid.*

Le 5e corps continua, le 15, son mouvement sur Chaumont ; ses divers éléments vinrent occuper les emplacements ci-après :

Quartier général....	De Lamarche à Montigny-le-Roi.
1re division........	De Damblain et Blévaincourt à Daillecourt et Clefmont.
2e division et réserve d'artillerie.	De Colombey-lès-Choiseul à Pérusses.
3e division.,.......	De Lamarche à Montigny-le-Roi.
Division de cavalerie.	De Lignéville à Fresnoy.

De Montigny, où il arriva vers midi, le général de Failly expédia au maréchal de Mac-Mahon, qu'il croyait au camp de Châlons, un télégramme qui lui parvint à Joinville, à 8 h. 26 du soir : « Bar-le-Duc est probablement inquiété par l'ennemi. On a des inquiétudes sur le sort de l'embranchement de Blesme. Faites-moi connaître si vous défendez cet embranchement pour assurer le passage de vos divisions. J'ignore où vous êtes ; je crains que la brigade d'infanterie que je vais tâcher d'envoyer, avec une batterie d'artillerie, n'arrive pas à temps. »

Dans la nuit, le général de Failly fut avisé, par une dépêche du Ministre de la guerre (1), qu'il trouverait, à Chaumont, des wagons pour transporter son corps d'armée à Vitry-le-François, où il établirait son quartier général et serait à nouveau sous les ordres du maréchal de Mac-Mahon (2). Le Ministre lui recommandait de com-

---

(1) Expédiée de Paris à 9 heures du soir.

(2) Le Ministre de la guerre prévint la Compagnie de l'Est qui, à son tour, informa le service du mouvement à Troyes par un télégramme expédié de Paris, le 16, à minuit 35 : « Vous aurez à expédier, demain 16, de Chaumont et Langres sur Vitry-le-François, un corps d'armée comprenant probablement 25,000 hommes d'infanterie, 1000 canons ou voitures, 5,000 chevaux. Je vous fais envoyer matériel de Paris. »

mencer son mouvement sans retard ; d'y comprendre son
parc d'artillerie, s'il se trouvait encore à Langres, et
d'occuper la gare de Blesme pendant le transport, en en
faisant reconnaître les environs par de la cavalerie (1).

Ce n'était pas, sur ce point seulement, qu'étaient
signalés les coureurs ennemis. Le général commandant
le camp de Châlons recevait du maire de Sainte-Menehould l'avis émanant « de source presque certaine (2) »
que les Prussiens étaient entrés à Saint-Mihiel et étaient
arrivés à quelques lieues de Clermont-en-Argonne. Il
s'empressait, en conséquence, de faire partir, à 8 heures
du soir, pour Sainte-Menehould, la 1re brigade (Tilliard)
de la division de cavalerie du 6e corps. Elle fut chargée
de couvrir le chemin de fer de Verdun à Mourmelon et
poussa, le 17, le 6e chasseurs à Clermont. Il envoya,
d'autre part, à la Cheppe, un régiment de lanciers avec
mission de s'éclairer au loin sur la route de Bar-le-Duc.
Rendant compte au Ministre de la guerre de ces dispositions, le général commandant le camp de Châlons
ajoutait :

« Ni le maréchal de Mac-Mahon, ni le général Trochu
ne sont arrivés. Que faut-il faire des trois dépôts de
cavalerie, des hommes sans armes et des *impedimenta*,
si l'ennemi s'approche en force avant l'arrivée des maréchaux Canrobert et Mac-Mahon? La mobile ne me sert à
rien ; les quatrièmes bataillons ne savent, en partie,
pas se servir de leurs armes. J'aurai, tout au plus,
22,000 hommes à opposer à l'ennemi (3). »

Le Ministre de la guerre décida que les quatrièmes
bataillons et la mobile seraient évacués immédiatement

(1) Il adressa cette dernière recommandation, le 16 août, directement au commandant des troupes de Blesme.
(2) Télégramme expédié de Sainte-Menehould à 3 heures de l'après-
midi.
(3) Télégramme expédié du camp de Châlons à 7 h. 15 du soir.

sur Paris, et que tous les trains qui n'avaient pas encore dépassé Blesme seraient dirigés sur Paris, par Bar-sur-Aube (1). Mais le lendemain, sur de nouveaux renseignements du préfet de la Meuse et du général commandant le camp de Châlons, il rapporta ces mesures (2) et télégraphia au général Trochu qui commandait à ce moment le 12ᵉ corps : « Défense formelle de faire faire le moindre mouvement aux troupes de votre corps, attendez pour cela mes ordres..... »

16 août.

La 1ʳᵉ division du 1ᵉʳ corps commence son embarquement à Neufchâteau dans la nuit du 15 au 16, et les trains qui la transportent se dirigent d'abord sur Chaumont (3), conformément aux instructions données la veille au général Ducrot. Mais le maréchal de Mac-Mahon, apprenant à Chaumont que la voie est libre à Blesme, fait rétrograder la 1ʳᵉ division pour lui faire gagner le camp de Châlons par le même itinéraire que les troupes précédentes. Elle y arrive dans les premières heures de la matinée du 17.

La réserve d'artillerie du 1ᵉʳ corps, au lieu d'aller à Vassy, se porte de Joinville à Doulevant (4) ; « cette modification dans sa marche a pour but de l'éloigner davantage de la zone d'opération de l'ennemi (5) ».

---

(1) Décisions écrites de la main du Ministre sur le télégramme précédent.

(2) Le Ministre de la guerre au général commandant la 4ᵉ division à Châlons, 16 août, 5 h. 54 soir (D. T.).

(3) Le chef de traction de Chaumont à l'ingénieur de la Compagnie de l'Est, à Paris, Chaumont, 16 août, 2 h. 22 soir (D. T.).

(4) D'après le *Journal* de marche du 1ᵉʳ corps. — Les *Historiques* des 6ᵉ, 9ᵉ et 20ᵉ régiments d'artillerie indiquent au contraire Nully pour les batteries des 6ᵉ et 9ᵉ, et Beurville pour les batteries du 20ᵉ.

(5) *Journal* de marche du 1ᵉʳ corps.

Les divisions de cavalerie Bonnemains et Duhesme reviennent vers le Sud « pour rendre leur protection plus efficace (1) » et stationnent, la première à Vassy, la seconde à Ragecourt-sur-Blaise.

Le même jour, les quinze batteries divisionnaires et le train des équipages du quartier général rejoignent la réserve d'artillerie à Doulevant; la brigade de Septeuil stationne à Joinville, renforcée du 6e lanciers (2).

Les divers éléments du 5e corps se portent, le 16 août au matin, sur Chaumont.

La 1re division marche en deux colonnes : la 1re brigade, partant à 4 heures de Daillecourt, par Noyers, Is-en-Bassigny, Mandres, Biesles, est suivie par la 3e division, venant de Montigny-le-Roi (3); la 2e brigade, qui avait stationné à Clefmont, s'engage, à 7 heures, sur le chemin qui, passant à Mennouveaux et à Ageville, rejoint à Biesles la grande route de Chaumont. La 2e division et la réserve d'artillerie, rompant à 5 heures du matin de Perrusses, se dirigent également sur Biesles par Longchamp et Millières (4). En raison du tronçon commun, Biesles—Chaumont, où aboutissent tous les itinéraires, les dernières unités n'arrivent à Chaumont que vers 7 heures du soir (5). La division de cavalerie qui, partant de Fresnoy, avait passé par Meuse, Montigny-le-Roi, Nogent-en-Bassigny et Biesles, n'atteint

(1) *Journal* de marche du 1er corps.
(2) Le 11e chasseurs fut envoyé vers Blesme.
(3) Le mouvement avait été mal préparé : « En débouchant de ce village (Is-en-Bassigny), elle (la 1re brigade) défila devant la 3e division du 5e corps, qui marcha derrière elle jusqu'à Chaumont. » (*Historique* du 11e de ligne.)
(4) « La marche a été retardée à Biesles par la rencontre de la division Guyot de Lespart et de la brigade Saurin (1re de la 1re division). » (*Journal* de marche de la 2e division.)
(5) *Journal* de marche de la 1re division.

Chaumont, pour le même motif, qu'à 8 heures du soir (1).

Arrivé à Chaumont dans la matinée, le général de Failly reçut du maréchal de Mac-Mahon l'avis qu'il se dirigeait définitivement sur le camp de Châlons, et que l'exécution de ce mouvement exigeait que le 5ᵉ corps couvrît la bifurcation de Blesme. Il importait d'ailleurs que la voie de Chaumont à Blesme, qui devait servir au transport du 5ᵉ corps sur Vitry-le-François, fût fortement gardée sur toute son étendue ; l'occupation des gares de Blesmes, Saint-Dizier et Joinville par le 20ᵉ de ligne (2) envoyé du camp de Châlons était insuffisante à cet effet.

Le général de Failly décida, en conséquence, que la 1ʳᵉ division (Goze), qui venait à peine d'arriver à Chaumont, serait chargée de cette mission. L'une de ses brigades devait se rendre à Blesme « pour y protéger la bifurcation et couvrir Châlons (3) » ; l'autre irait à Saint-Dizier, laissant des détachements à Bologne, Vignory, Joinville, Chevillon ; les gares de Blesme, Saint-Dizier, Joinville, seraient mises en état de défense (4).

L'embarquement de la 1ʳᵉ brigade renforcée par l'escadron divisionnaire (3ᵉ du 5ᵉ hussards), par la 5ᵉ batterie du 6ᵉ et par une section du génie s'effectue, dans la soirée même, en trois trains à destination de Saint-Dizier, où les troupes arrivent le 17, entre 4 heures et 7 heures du matin (5). La 2ᵉ brigade, avec la 6ᵉ batterie

---

(1) Elle avait rencontré à Biesles la brigade de Fontanges, de la 3ᵉ division.

(2) Appartenant à la 2ᵉ division du 6ᵉ corps ; il avait relevé à Blesme les deux bataillons de la division Conseil-Dumesnil. (Voir page 99.)

(3) *Journal* de marche du 5ᵉ corps.

(4) Le commandant du génie du 5ᵉ corps fut chargé de diriger l'opération.

(5) Sauf le 4ᵉ bataillon de chasseurs, dirigé de Chaumont sur Bologne par voie de terre.

du 6ᵉ, part à son tour pour Blesme, dans les premières heures de la matinée du 7 (1) ; elle y débarque le même jour, vers 2 heures de l'après-midi. A 11 h. 30 du soir, le général de Failly reçut, du Ministre de la guerre, le télégramme suivant :

« La Compagnie de l'Est m'a fait savoir qu'elle a le matériel suffisant pour transporter votre artillerie. Mieux vaudrait vous concerter avec elle à ce sujet que d'employer la voie de terre qui me paraît longue. Je vous autorise à diriger sur Châlons, par Paris, le parc d'artillerie du 5ᵉ corps et même l'équipage de pont. Cependant, si la voie de Blesme est encore libre, pour éviter au matériel un si long détour, je préférerais que vous en fissiez usage. »

Une dépêche, vraisemblablement postérieure (2), du Ministre au commandant du 5ᵉ corps disait : « Je vous recommande de ne pas perdre une minute pour suivre, avec votre corps d'armée, la route du maréchal de Mac-Mahon. »

Le même jour, le général de Palikao expédia au général Douay l'ordre de diriger, par voie ferrée, et par l'itinéraire Besançon—Dijon, le 7ᵉ corps sur Paris. Un second télégramme lui prescrivit de se rendre au camp de Châlons par Vesoul, Langres, Chaumont et Blesme. Le général Douay objecta que le mouvement ne pouvait commencer que le 17 au soir, au plus tôt ; qu'il lui faudrait cinq jours pour l'exécution, à supposer que le matériel lui fût fourni en quantité suffisante ; que, d'après ses renseignements, la ligne de Langres—Chaumont—Blesme lui paraissait compromise à bref délai et

---

(1) La troisième batterie divisionnaire (7ᵉ du 6ᵉ) fut envoyée à Saint-Dizier dans la soirée du 18 août (*Historique* du 6ᵉ régiment d'artillerie).
(2) Les heures d'expédition et d'arrivée manquent.

périlleuse vers le 22 ou le 23 août ; que, pour tous ces
motifs, il préférait se rendre à Châlons par Besançon,
Dijon et Paris (1). Le Ministre répondit le même jour que
Blesme était occupé par une brigade du 5ᵉ corps jusqu'à
l'arrivée des premiers trains transportant le 7ᵉ, lequel
devait à son tour y laisser sa première brigade, jusqu'à
l'entière exécution du mouvement.

17 août.

Le maréchal de Mac-Mahon arriva le 17, à 4 heures
du matin (2), au camp de Châlons où débarquèrent également, dans le courant de la journée, les troupes de la
1ʳᵉ division du 1ᵉʳ corps dont toute l'infanterie s'y trouva
ainsi réunie. Les divisions furent établies sur la Vesle,
entre Livry et Vadenay : la 1ʳᵉ, à Bouy ; la 2ᵉ, entre
Bouy et Vadenay ; la 3ᵉ, à Louvercy ; la 4ᵉ, entre Louvercy et Livry (3).

De son côté, l'artillerie du corps d'armée, reprenant
son mouvement vers le Nord-Ouest, se portait de Doulevant à Montiérender ; la division Bonnemains, de
Vassy à Frignicourt (4) ; la division Duhesme, de Ragecourt-sur-Blaise, à Cloyes et Larsicourt où elle fut
rejointe par la brigade de Septeuil venant de Joinville.

L'Empereur, arrivé le 16 au soir à Mourmelon (5),

---

(1) Le général Douay au Ministre de la guerre, Belfort, 17 août,
9 h. 15 matin (D. T. Ch.).

(2) *Souvenirs* inédits du maréchal de Mac-Mahon.

(3) Le *Journal* de marche du 1ᵉʳ corps donne comme emplacements :
1ʳᵉ division à Livry, 2ᵉ à Louvercy, 3ᵉ entre Louvercy et Bouy, 4ᵉ à
Bouy. Les indications données dans le texte ci-dessus résultent des
Historiques des corps tous concordants entre eux à cet égard.

(4) Au Sud de Vitry-le-François.

(5) L'Empereur était parti de Gravelotte le 16 août, à 4 heures du
matin ; il était arrivé à Verdun à 3 heures de l'après-midi, d'où il

donna au maréchal de Mac-Mahon, sous les ordres
du maréchal Bazaine, le commandement de toutes les
forces réunies au camp de Châlons. Le général Ducrot
fut mis provisoirement à la tête du 1ᵉʳ corps, tout en
conservant le commandement de sa division (1).

Le Maréchal envoya dans la soirée à la brigade Margueritte (2) (1ʳᵉ de la division de réserve du Barail) —
qui, le 16, avait accompagné l'Empereur jusqu'à Verdun
et séjourné, le 17, dans cette ville — l'ordre de se
replier immédiatement sur le camp de Châlons, en
passant par Sainte-Menehould. Elle devait rallier sur ce
point la 1ʳᵉ brigade (Tilliard) de la division de cavalerie
du 6ᵉ corps qui reçut les mêmes instructions. La brigade
Margueritte partit de Verdun, le 17, à 8 heures du soir.
Le 5ᵉ escadron des guides de la Garde impériale, détaché
auprès de l'Empereur depuis le 26 juillet, pour lui
servir d'escorte, se rendit également à Sainte-Menehould dans la nuit du 17 au 18. Enfin le IIIᵉ bataillon du
3ᵉ grenadiers de la Garde qui, depuis le 4 août, faisait
le service d'honneur au quartier impérial, s'embarqua
à Verdun, le 17, à 11 heures du soir, à destination du
camp de Châlons.

Le général de Failly reçut à Chaumont dans la
journée du 17, plusieurs télégrammes du Ministre de la
guerre et du maréchal de Mac-Mahon au sujet de ses
mouvements ultérieurs. Le Ministre, confirmant une
dépêche de la veille, faisait connaître que le 5ᵉ corps
recevrait à Chaumont le matériel de chemin de fer
nécessaire à son transport à Vitry-le-François, où serait

---

s'était rendu par chemin de fer à Mourmelon. (Comte de la Cha-
pelle, *Le Livre de l'Empereur*, p. 102.)

(1) *Journal* de marche du 1ᵉʳ corps. — Le général Wolff, le plus
ancien des deux généraux de brigade, exerça, en réalité, les fonctions
de commandant de la 1ʳᵉ division.

(2) 1ᵉʳ et 3ᵉ chasseurs d'Afrique.

10ᵉ fascicule.   2

établi son quartier général, et où il serait à nouveau sous
les ordres du maréchal de Mac-Mahon. Le général de
Palikao recommandait de commencer l'opération sans
retard ; d'y comprendre le parc, s'il était encore à
Langres ; d'occuper la gare de Blesme pendant toute la
durée du mouvement et d'en faire reconnaître les environs par de la cavalerie (1).

De son côté, le maréchal de Mac-Mahon, en désaccord avec le Ministre (2), prescrivait au général de Failly
de se rendre, par Vitry-le-François, au camp de Châlons et d'y faire transporter son infanterie, sa cavalerie
et tout son matériel. Puis, sans doute dans le but de
diminuer le temps nécessaire à l'opération, le Maréchal
télégraphia de diriger la réserve d'artillerie du 5ᵉ corps
sur Paris où elle recevrait les ordres du Ministre de la
guerre. Il recommandait en même temps de rallier les
troupes de la division Goze chargées de la protection de
la voie ferrée de Bologne à Blesme, dès que le transport du 5ᵉ corps serait terminé (3). « Des circonstances
nouvelles, disait le Maréchal, dans un troisième télégramme, me font vous inviter à laisser votre artillerie
de réserve. Je vous rejoindrai à Vitry (4) ». Quant à la
division de cavalerie, elle devait se mettre en route,
le 18 pour Châlons, par voie de terre (5).

---

(1) Cette dernière prescription était déjà exécutée.
(2) Ce désaccord provenait peut-être des résultats de la conférence
tenue au camp de Châlons le 17 août et dont le Ministre n'avait pas
connaissance. On ne saurait l'affirmer toutefois ; les télégrammes du
Ministre et du maréchal de Mac-Mahon ne portant pas d'indication d'heure.
(3) L'heure d'expédition de ce télégramme n'est pas connue ; il avait
été adressé au général de Failly à Vitry-le-François ; il lui parvint à
6 h. 26 du soir, à Chaumont.
(4) Télégramme expédié également à Vitry-le-François, sans indication d'heure de départ et reçu par le général de Failly à 9 h. 30 du soir.
(5) Le général de Failly au Ministre et au maréchal de Mac-Mahon,
Chaumont, 17 août, 2 h. 50 soir (D. T.).

Mais de nouveaux contre-ordres furent donnés par le Ministre. « Votre réserve d'artillerie et votre cavalerie », mandait-il dans la soirée au général de Failly, « suivront l'infanterie par les voies ferrées. La route doit être sûre. Recommandez toutefois au général Goze de bien éclairer les abords de Blesme et de Saint-Dizier, en envoyant quelques cavaliers très au loin. Votre point de concentration est toujours Vitry (1). »

Le Ministre recommandait, d'autre part, de maintenir une brigade à Blesme, non pas seulement jusqu'à la fin des transports du 5e corps, mais jusqu'à l'arrivée de la tête de colonne du 7e (2), et de s'éclairer « à une distance suffisante » autour de la gare de Bologne et des stations adjacentes, bien qu'on ne signalât pas de forces prussiennes dans le voisinage (3).

Cependant, la 3e division du 5e corps était transportée en six trains à Vitry-le-François. Son embarquement à Chaumont avait été long et pénible, en raison de la disposition défectueuse de la gare, de la voie unique de la ligne, de la pénurie du matériel, de l'insuffisance des quais, du manque d'instruction de la troupe, de l'inexpérience du personnel de la Compagnie de l'Est (4).

La voie ferrée de Bologne à Blesme était couverte par le 20e de ligne qui avait deux bataillons à Blesme et le troisième échelonné dans les stations intermédiaires

---

(1) Heures d'expédition et d'arrivée inconnues ; celle-ci, toutefois, postérieure à 8 h. 27 du soir, et antérieure à 8 h. 40, d'après les numéros d'enregistrement des dépêches dans le *Journal* de marche du capitaine de Piépape.

(2) Télégramme reçu à 8 h. 27 du soir.

(3) Télégramme reçu à 11 h. 10 du soir.

(4) *Journal* de marche du 5e corps, rédigé par le capitaine de Piépape.

Il fallut une heure et demie pour charger le premier train composé uniquement d'infanterie.

entre Joinville et Blesme. Elle était protégée de plus
par la 1re division qui prit les dispositions suivantes :

1re brigade, avec la 5e batterie du 6e et le 3e escadron
du 5e hussards, à Saint-Dizier, ayant le IIe bataillon du
11e de ligne à la gare même(1) et le 4e bataillon de
chasseurs à Bologne (2) ;

2e brigade avec les Ier et IIe bataillons du 20e de ligne,
à Blesme; le IIe bataillon du 20e, les Ier et IIe du 64e,
déployés face au Nord à l'Est avec leurs grand'-
gardes sur le ruisseau de la Bruxenelle et un poste
à Haussignemont; les Ier et IIe bataillons du 86e (3),
face au Nord, sur la hauteur entre Saint-Lumier-la-
Populeuse et Scrupt, le IIIe bataillon du 64e en retour,
face à l'Est, au Nord de Scrupt; la 6e batterie du 6e
à la gauche de ce dernier; le Ier bataillon du 20e à la
gare même. Deux locomotives et un train composé
du nombre de trucs nécessaire à l'embarquement de
500 hommes étaient tenus prêts en permanence pour
assurer au besoin les opérations sur la voie ferrée.

Le général de Failly quitta Chaumont par le dernier
train, le 17 dans la soirée, accompagné de son état-major
et de l'escadron du 5e hussards attaché au quartier
général et arriva à Vitry-le-François le 18 à 1 heure du
matin. Il laissait au général de L'Abadie le soin de veiller
au départ du reste des troupes du 5e corps, avec la
recommandation de laisser à Chaumont, jusqu'à l'exécution complète du mouvement, le IIIe bataillon du 88e (4).

---

(1) *Historique* du 11e de ligne.

(2) Le gros du 4e bataillon de chasseurs était allé rejoindre le 17 au
matin, à la gare de Bologne, la 1re compagnie qui s'y trouvait depuis
la veille.

(3) Le IIIe bataillon du 86e était resté à Bitche.

(4) Il devait rallier la 2e division à Vitry et prendre, en passant, le
4e bataillon de chasseurs à pied à Bologne.

Au 7ᵉ corps, la 1ʳᵉ division (Conseil-Dumesnil) était depuis la veille au camp de Châlons où elle campait entre Bouy et Vadenay; la 2ᵉ division (Liébert) commençait à s'embarquer à Belfort à destination de Châlons, par Chaumont et Blesme; la 3ᵉ séjournait à Belfort, tandis que la brigade de cavalerie Cambriel, l'artillerie de la 2ᵉ division et la réserve d'artillerie du corps d'armée se rendaient à Héricourt et à Montbéliard, d'où elles devaient être transportées au camp de Châlons par Besançon, Dijon et Paris (1).

18 août.

L'artillerie du 1ᵉʳ corps, se dirigeant de Montiérender sur le camp de Châlons, stationne, le 18, entre Blacy et Songy (2). La division Bonnemains se rend de Frignicourt à Châlons-sur-Marne (3); la division Duhesme, de Larsicourt à Cheppy et Sarry (4), sauf la brigade de Septeuil qui, à son passage à Vitry, reçoit l'ordre de se mettre à la disposition du général de Failly. Le 3ᵉ hussards est envoyé à Blesme, le 11ᵉ chasseurs à Saint-Dizier pour coopérer, avec la 1ʳᵉ division du 5ᵉ corps, à la protection de la voie ferrée de Bologne à Blesme. Cette division avait conservé ses emplacements de la

---

(1) Dans un télégramme du 18, le général Douay annonçait qu'outre la cavalerie et l'artillerie, une brigade, d'infanterie sans doute, suivait cet itinéraire.

(2) Le général Forgeot au maréchal de Mac-Mahon, Vitry, 18 août, 4 h. 40 du soir. — L'*Historique* du 20ᵉ d'artillerie indique Loisy, village entre Blacy et Songy.

(3) *Historiques* des 1ᵉʳ, 2ᵉ, 3ᵉ et 4ᵉ cuirassiers et *Journal* de marche de la division. — Le *Journal* de marche du 1ᵉʳ corps indique au contraire Pogny.

(4) *Historiques* des régiments de la division. — Le *Journal* de marche du 1ᵉʳ corps indique au contraire Pogny.

veille, sauf quelques détachements qui avaient relevé le
20ᵉ de ligne, rappelé au camp de Châlons par le maréchal de Mac-Mahon (1). Dans la matinée, le général
Nicolas, commandant la 2ᵉ brigade, apprenait qu'une
pointe d'avant-garde ennemie était entrée à Bar-le-
Duc (2). Il envoya, vers 10 heures, en reconnaissance
vers cette ville, et monté sur une locomotive, le capitaine
du génie Varaigne qui, à son arrivée à Revigny, reçut
la confirmation de cette nouvelle, et fut informé, en
outre, de la présence, aux abords de Bar-le-Duc, d'une
avant-garde allemande composée des trois armes et forte
d'environ 6,000 hommes. Dans l'après-midi, le général
Nicolas chargea le même officier, avec un détachement
envoyé de Blesme, d'interrompre la voie ferrée sur un
viaduc voisin de Revigny.

Le général de Failly avait jugé avec raison que les
diverses fractions de la division Goze devaient être
éclairées à grande distance en avant des points qu'elles
avaient à garder. Aussi, dans la matinée du 18,
employa-t-il à cet effet les deux régiments de la
division de cavalerie du 5ᵉ corps qui restaient dispo-
nibles (3).

Deux escadrons du 6ᵉ lanciers furent envoyés à
Biesles, les deux autres à Andelot, en avant des bataillons d'infanterie qui occupaient les gares de Chaumont
et de Bologne (4). Le 12ᵉ chasseurs fut réparti également

(1) En particulier un demi-bataillon du 46ᵉ de ligne fut envoyé par
la 1ʳᵉ brigade à la gare de Joinville. Le 20ᵉ de ligne arriva au camp
de Châlons, le 19 août, à 1 heure du matin.
(2) Le renseignement lui avait été fourni par des employés du télégraphe de Bar-le-Duc qui s'étaient réfugiés à Blesme.
(3) Cette mesure fut prise avant que la brigade de Septeuil eût été
mise à sa disposition.
(4) L'*Historique* du 5ᵉ lanciers ne mentionne pas les numéros des
escadrons envoyés à Biesles et à Andelot.

entre Joinville et Saint-Dizier avec mission de pousser des reconnaissances sur Toul, Commercy et Bar-le-Duc (1).

« Les détachements, spécifiait l'ordre du général de division, devront avoir des pointes d'avant-garde au moins à 20 kilomètres de la ligne du chemin de fer pour éclairer au loin. Ils resteront stationnés à 12 ou 15 kilomètres de ces gares, dans la direction de l'ennemi et ne se replieront que s'ils y sont sérieusement forcés. » En raison de l'urgence, un escadron de chacun des détachements de Joinville et de Saint-Dizier fut transporté en chemin de fer à destination.

Pendant ce temps, la brigade de Maussion, de la 2ᵉ division du 5ᵉ corps, et ses deux batteries divisionnaires, ainsi que la troisième batterie de la 1ʳᵉ division (7ᵉ du 6ᵉ) s'embarquaient, toujours avec une certaine lenteur, pour Vitry, ne laissant à Chaumont que le IIIᵉ bataillon du 88ᵉ de ligne (2); elles arrivaient à destination dans l'après-midi du 18, dans la nuit du 18 au 19 et dans la journée du 19 (3). La 3ᵉ division avait séjourné à Vitry; elle prit position sur les hauteurs à l'Ouest de Blacy.

Le général de Failly, craignant de voir la réserve d'artillerie coupée du corps d'armée par suite de l'interruption possible de la voie ferrée (4), télégraphia de Vitry,

(1) 3ᵉ et 4ᵉ escadrons à Saint-Dizier ; 5ᵉ et 6ᵉ à Joinville. (*Historique* du 12ᵉ chasseurs.)

(2) Ce bataillon fut dirigé ultérieurement sur Paris.

(3) Le départ de l'artillerie fut un peu retardé par l'apparition de quelques cavaliers ennemis à Chevillon, où le chef de station avait coupé ses fils télégraphiques et fermé son bureau. (*Journal* de marche de la 2ᵉ division.) L'ambulance divisionnaire, les caissons à deux roues de munitions d'infanterie et le trésor furent dirigés sur Châlons par Paris; l'escadron divisionnaire, par voie de terre, sur Doulevant.

(4) Le général de Failly télégraphiait le 18, à 2 h. 25 du matin, au

dans la nuit du 17 au 18, au général Liédot « de tâcher
de construire des quais à Bologne et d'y conduire, par
voie de terre une partie de son matériel pour l'embarquer à cette gare (1). Le général Liédot répondit, à
5 h. 50 du matin, qu'il jugeait préférable et plus rapide
d'effectuer l'opération à Chaumont, mais que, jusqu'a-
lors, le nombre de wagons mis à sa disposition était
inférieur aux besoins.

Un télégramme du maréchal de Mac-Mahon, expédié
du camp de Châlons à 9 h. 30 du soir, vint résoudre
la question. Ordre était donné au général de Failly
de prendre ses dispositions pour rejoindre le Maréchal au camp de Châlons; d'expédier, par chemin de
fer, tous ses *impedimenta* et son artillerie; de faire
rétrograder sur Chaumont et Paris les batteries qui ne
pouvaient pas être envoyées à Vitry dans la journée;
enfin de maintenir sa dernière brigade à Vitry jusqu'au 21 au matin, « à moins de circonstances provenant de l'ennemi », et de lui prescrire de se diriger
ensuite sur Châlons (2).

A Belfort, la 2e division d'infanterie du 7e corps était
mise en route par chemin de fer pour le camp de Châlons, par l'itinéraire Vesoul—Troyes—Paris; la brigade
de cavalerie Cambriel se rendait à Héricourt et à Montbéliard, d'où elle devait être transportée à destination
par Besançon—Dijon—Paris.

Ministre de la guerre : « Je ne partage pas votre confiance sur la sûreté
de la voie ferrée de Chaumont à Vitry..... »

(1) *Journal* de marche du 5e corps, rédigé par le colonel Clémeur.

(2) Ces instructions étaient déjà données quand le Ministre télégraphia au maréchal de Mac-Mahon, le 19 août, à 6 h. 50 du soir :
« ..... Comment se fait-il que, depuis trois jours, le général de Failly
n'ait pas franchi la gare de Vitry et ne soit pas déjà à Châlons?..... »

19 août.

L'artillerie du 1ᵉʳ corps et les divisions Bonnemains et Duhesme (1) arrivent au camp de Châlons, ainsi que le 4ᵉ régiment de chasseurs d'Afrique.

La 2ᵉ division du 5ᵉ corps termine son mouvement de Chaumont sur Vitry-le-François (2) sauf le IIIᵉ bataillon du 88ᵉ de ligne (3); la 3ᵉ se rend de cette dernière localité à Châlons.

Très inquiet sur le sort de sa réserve d'artillerie qui n'a pu encore terminer son embarquement, le général de Failly télégraphie, à 7 heures du matin, au général Liédot, de la diriger, à la fois par voie de terre et de fer, sur Bar-sur-Aube, d'où elle serait transportée à Châlons par Troyes et Paris. Le général Liédot rendait compte, à 8 heures du soir, du départ de trains formés à cet effet. Quant au parc d'artillerie du 5ᵉ corps, il restait à Langres (4).

Après le passage des derniers éléments du 5ᵉ corps, il n'était plus nécessaire de garder la voie ferrée de Bologne à Blesme. Les diverses fractions de la 1ʳᵉ brigade de la division Goze se rassemblèrent à Saint-Dizier, d'où elles se portèrent à Écriennes, par Perthes et Farémont; la 2ᵉ brigade se replia de Blesme sur Vitry, par Favresse et Vaucler.

---

(1) Moins la brigade Septeuil.

(2) Le dernier train partant de Chaumont, le 19 à 9 heures environ du matin, prit, à son passage à Bologne, le 4ᵉ bataillon de chasseurs de la 1ʳᵉ division.

(3) Le IIIᵉ bataillon du 88ᵉ de ligne devait rester à Chaumont jusqu'à ce que le 7ᵉ corps eût entièrement passé.

(4) Le 20 août, le Ministre faisait connaître au maréchal de Mac-Mahon que le parc du 5ᵉ corps serait dirigé le 21 sur Paris, d'où il serait expédié au camp de Châlons.

Le 3e hussards de la brigade de Septeuil, éclairant
la 2e brigade de la division Goze, s'était porté de Blesme
à Sermaize d'où il avait poussé sur Revigny-aux-Vaches,
deux escadrons qui firent rétrograder un parti de
cavalerie ennemie (1). Il rentra à Vitry à minuit.

Le 11e chasseurs appartenant également à la brigade de Septeuil, et mis à la disposition de la 1re brigade de la division Goze, avait été divisé, à son arrivée
à Saint-Dizier, en trois détachements : le 1er escadron
resta dans cette ville ; les 5e et 6e se portèrent sur la
route de Bar-le-Duc à Saudrupt, où ils s'établirent pour
la journée ; les 3e et 4e prirent la route de Ligny-en-Barrois par Stainville. Ces derniers eurent, vers Aulnois-en-
Barrois, un engagement avec un détachement de cavalerie
prussienne qu'ils poursuivirent jusqu'à Stainville, où se
trouvant en présence de forces évaluées à un régiment,
ils se replièrent sur Ancerville, emmenant deux prisonniers (2).

Dans la nuit, sur l'ordre du général de Septeuil, le
11e chasseurs se rallia tout entier à Perthes ; il rejoignit
le 3e hussards à Vitry, le 20 août à midi. Les deux régiments de la division de cavalerie du 5e corps reçurent
également des instructions pour la retraite : les deux
escadrons du 5e lanciers, à Biesles, devaient se replier
sur Chaumont et, s'ils ne pouvaient s'y embarquer, suivre
la voie ferrée de Troyes jusqu'à une station où ils trou-
veraient du matériel pour les conduire au camp de Châlons par Paris ; les deux escadrons du même régiment
occupant Bologne, rétrograderaient directement sur
Châlons, par Doulevant (3) ; les 5e et 6e escadrons du
12e chasseurs furent dirigés de Joinville sur Doule-

---

(1) *Historique* du 3e hussards.
(2) Le colonel du 11e chasseurs à cheval au général de Failly.
(3) Ils rejoignirent le général de division à Sommesous le 22 août.

vant (1); les 3ᵉ et 4ᵉ, qui se trouvaient à Saint-Dizier, se conformèrent au mouvement de la division Goze (2). Le général de division, ses deux généraux de brigade et leurs états-majors se rendirent de Chaumont à Bar-sur-Aube.

Dans la soirée même du 19, les éclaireurs allemands occupaient Saint-Dizier et interrompaient la voie ferrée de Bologne à Blesme sur plusieurs points (3).

Le 7ᵉ corps continue son mouvement de Belfort sur le camp de Châlons par les deux itinéraires Vesoul—Chaumont—Paris—Pantin et Besançon—Dijon—Paris—Bercy; la 2ᵉ division arrive au camp dans la soirée et dans la nuit du 19 au 20 (4), et va bivouaquer entre Vadenay et Bouy; la 3ᵉ division et la réserve du génie s'embarquent à Belfort, la 1ʳᵉ brigade de la division de cavalerie à Montbéliard (5); la réserve d'artillerie à Voujaucourt et Héricourt.

20 août.

Le général de Failly se rend de Vitry, par chemin de fer, au camp de Châlons, où il arrive à 2 heures de l'après-midi et où il établit son quartier général. La 3ᵉ division (de Lespart) se porte de Châlons au camp; la 2ᵉ division, de Vitry à Châlons; la 1ʳᵉ division, scindée en deux fractions, se porte : la 1ʳᵉ brigade, renforcée par deux batteries et la compagnie du génie divisionnaires, d'Écriennes au Nord-Ouest de Vitry où elle est ralliée

(1) Ils rejoignirent le général de division à Brienne le 20 août.
(2) Ils rejoignirent le général de division à Rethel le 24 août.
(3) *Journal* de marche du 5ᵉ corps.
(4) *Historique* du 5ᵉ de ligne.
(5) Le 8ᵉ lanciers passa à Héricourt la nuit du 19 au 20. (*Journal* de marche du 8ᵉ lanciers.)

par les 3e et 4e escadrons du 12e chasseurs ; la 2e brigade,
avec le 3e escadron du 5e hussards et une batterie, de
Vitry à Châlons. La brigade de cavalerie légère de Septeuil du 1er corps, qui avait reçu l'ordre de rejoindre sa
division au camp de Châlons, passa la nuit à Saint-Ger-
main-la-Ville.

Le général Brahaut se rend de Bar-sur-Aube à Brienne
où il est rejoint par les 5e et 6e escadrons du 12e chasseurs, venant de Doulevant, et par le 4e escadron du
5e hussards, cavalerie divisionnaire de la 2e division.

Deux escadrons du 5e lanciers arrivant de Biesles furent
embarqués en chemin de fer à Chaumont et dirigés sur
le camp de Châlons, par Troyes et Paris (1) ; les deux
autres, qui avaient occupé Bologne, stationnèrent à Sou-
laines, où ils reçurent l'ordre de rallier au plus tôt le
général de division (2).

Faute de matériel suffisant à la gare de Bar-sur-Aube,
l'embarquement de la réserve d'artillerie du 5e corps
n'avait pu se faire que lentement et avait absorbé toute
la journée du 20 août ; le dernier train ne partit qu'à
11 heures du soir. Les convois arrivés à Pantin le 21,
prirent le chemin de fer de ceinture et furent dirigés par
Soissons sur Reims où le débarquement se fit dans la
journée du 22 (3).

L'ambulance de la 2e division et la réserve du génie
du 5e corps ne partirent de Bar-sur-Aube que le 21, à
8 h. 30 du matin.

Le 20 août, à 11 h. 20 du matin, la gare de Belfort

---

(1) Ils arrivèrent à Reims le 22 et ne purent débarquer que le 24 ;
ils furent dirigés sur Rethel.

(2) L'*Historique* du 5e lanciers ne donne pas le numéro de ces escadrons.

(3) La dernière batterie débarqua à Vitry-lès-Reims le 22, à 9 heures
du soir, « après avoir mis cinquante heures pour venir de Bar-sur-
Aube ». (*Rapport* du colonel de Fénelon.)

avait terminé l'expédition du 7ᵉ corps (1) dont la 3ᵉ division et la division de cavalerie commencent à arriver à Reims dans la nuit du 20 au 21 août.

21 août.

La brigade de Septeuil, de la division de cavalerie du 1ᵉʳ corps arrive au camp de Châlons; elle s'y établit et est placée momentanément sous les ordres du général de Bonnemains.

La division de L'Abadie, du 5ᵉ corps, se rend de Châlons aux Petites-Loges; la 1ʳᵉ brigade de la division Goze vient avec le 5ᵉ hussards, des environs Nord-Ouest de Vitry, à Châlons; la 2ᵉ brigade de cette même division, de Châlons à Billy-le-Grand. Le général Brahaut, commandant la division de cavalerie, se porte de Brienne à Arcis-sur-Aube, avec les trois escadrons qu'il a sous la main (2).

Au 7ᵉ corps, la 3ᵉ division d'infanterie arrive tout entière à Reims dans la journée et dans la nuit; le 4ᵉ hussards est débarqué à Saint-Hilaire; les 4ᵉ et 8ᵉ lanciers sont encore en route, ainsi que la réserve d'artillerie.

(1) Jacqmin, *loc. cit.*, p. 139. — La gare de Belfort rendait compte au service de l'exploitation, à Paris, à la fin de l'opération, par ce télégramme : « Nous reprenons le service des voyageurs. »

On ne saurait trop louer le zèle et le dévouement des employés de la Compagnie de l'Est au sujet du transport des 1ᵉʳ, 5ᵉ et 7ᵉ corps. « Ce grand mouvement tournant s'effectua avec une régularité inespérée, et les trois corps d'armée furent concentrés entre Châlons et Reims sans avoir aucun accident à déplorer. » (*Ibid.*). — Cf. Prince Bibesco, *Belfort, Reims, Sedan*, p. 36.

(2) Voir p. 28.

22 août.

La division de L'Abadie arrive à Reims (1) ; la 1re brigade de la division Goze va de Châlons aux Petites-Loges avec le 5e hussards ; la 2e brigade de cette dernière division se porte de Billy-le-Grand à Reims où débarquent les réserves d'artillerie et du génie ; le général Brahaut stationne à Sommesous où il est rejoint par deux escadrons du 5e lanciers.

Le 4e lanciers et les deux premiers escadrons du 8e (division de cavalerie du 7e corps) débarquent à Reims ; les deux autres escadrons de ce dernier régiment se trouvent arrêtés, sur la ligne de Soissons, à deux stations de Reims, par suite de l'encombrement de la voie. Les réserves d'artillerie et du génie et les parcs du 7e corps arrivent, par Châlons, en gare de Reims.

23 août.

La 1re brigade de la division Goze et le 5e hussards rejoignent le gros du 5e corps à Pont-Faverger. Le général Brahaut se rend, avec cinq escadrons, de Sommesous à Châlons, où apprenant le mouvement de l'armée vers le Nord-Est, il se porte sur Jonchery. Toute la division du 5e corps, sauf deux escadrons du 5e lanciers, s'y trouve réunie dans la soirée.

Au 7e corps, les deux derniers escadrons du 8e lanciers arrivent à Reims dans la matinée ; le régiment va stationner à Nauroy. Les réserves d'artillerie et du génie débarquées à Reims, suivent le mouvement de leur corps d'armée.

---

(1) Elle y est ralliée par le IIIe bataillon du 88e de ligne venant de Chaumont par chemin de fer.

La IIIᵉ armée et l'armée de la Meuse
du 13 au 22 août 1870 [1]

13 août.

Dans la journée du 12 août, la IIIᵉ armée avait terminé son déploiement sur la Sarre. Ses quatre corps d'armée et la division würtembergeoise disposés sur les routes qu'ils devaient suivre dans leur marche vers la Moselle, occupaient la ligne, d'une longueur de 15 kilomètres environ, comprise entre Sarrebourg et Fenestrange. Leurs avant-gardes avaient été poussées sur la rive gauche de la rivière. A l'extrême droite, se trouvait la *12*ᵉ division, à Sarre-Union ; en avant du front, la *4*ᵉ division de cavalerie avait atteint Moyenvic (2).

A 4 heures de l'après-midi, le Prince royal donnait, de Petersbach, des ordres pour la continuation, dès le lendemain, de la marche vers l'Est (3). Ils concordaient avec les dispositions arrêtées au grand quartier général, à Saint-Avold, dispositions qui parvenaient à l'état-major de la IIIᵉ armée dans la nuit du 12 au 13, et qui prescrivaient à celle-ci de se diriger « vers la ligne Nancy—

---

(1) Voir la carte au 1/320,000ᵉ annexée.
(2) Voir fascicule IX, p. 246 et suiv.
(3) *Ibid.*

Lunéville (1) » avec la latitude de se faire suivre de ses
convois jusqu'à la Meurthe (2).

Tous les renseignements s'accordant à signaler la
retraite des Français sur la rive gauche de la Moselle (3),
la IIIe armée put adopter un front de marche plus
étendu que celui des journées précédentes (4), rétréci
toutefois par l'obligation de faire place aux corps de
gauche de la IIe armée (5).

En conséquence, le 13 août, la masse principale des
forces du Prince royal se porte, de la Sarre, sur la ligne
Dieuze— Blamont ; la *12e* division venant de Sarre-
Union à Fenestrange. A l'aile droite, l'avant-garde du
IIe corps bavarois atteint Dieuze, d'où elle détache dans
la soirée, sur Marsal, trois bataillons et un régiment de
chevau-légers avec mission de relever quatre escadrons
laissés par la *4e* division de cavalerie en observation
devant la place. A l'aile gauche, le XIe corps s'établit à
Avricourt et Blamont, le 13e régiment de hussards battant le pays jusqu'à Baccarat où il coupe le télégraphe (6). Le quartier général est transféré de Petersbach à Sarrebourg.

---

(1) Pour la teneur des instructions du maréchal de Moltke, voir
fascicule IX, p. 248.

(2) Les convois avaient rejoint les troupes sur la Sarre.(Von Hahnke,
loc. cit., p. 102.)

(3) *Correspondance militaire* du maréchal de Moltke, tome Ier,
n° 149; *Tagebücher des Generalfeldmarschalls Graf von Blumenthal,
1866 und 1870-1871*, p. 76.

(4) *Historique du Grand État-Major prussien*, 4e livraison, p. 376
et suivantes.

(5) *Tagebücher*, p. 75-76.

(6) Entre le IIe corps bavarois à droite et le XIe corps à gauche, le
1er corps bavarois stationne à Guermange, la division würtembergeoise
à Fribourg, le Ve corps à Maizières, Azondange. La marche de ce dernier ne s'effectua pas sans difficultés, particulièrement à la traversée de
Sarrebourg, où il se heurta aux convois du XIe corps. De plus, la garnison de Marsal avait coupé les ponts au Sud et dans les environs de

Le même jour, la *4*ᵉ division de cavalerie marche de
Moyenvic sur Marsal. Le capitaine Leroy, commandant
cette place, ne disposait que de 271 hommes du dépôt
du 60ᵉ de ligne, composé presque exclusivement d'ou-
vriers et de malades. L'artillerie n'était représentée que
par un garde ; il n'y avait pas un seul canonnier pour le
service des pièces. Le capitaine du génie Durand de
Villers n'avait pour le seconder que deux gardes, l'un
alité, l'autre impotent (1).

Les inondations qui faisaient la force principale de
Marsal, n'avaient pu être tendues, parce que l'étang de
Lindre qui devait les alimenter était précisément en
culture en 1870.

Sommé de se rendre, le capitaine Leroy refuse. Les
deux batteries à cheval de la *4*ᵉ division de cavalerie
établies au « Mont des Demoiselles », ouvrent alors, vers
9 heures du matin, un feu violent qui détermine plusieurs incendies (2). Les détachements qui s'avancent
jusqu'aux glacis sont accueillis à coups de fusil par la
garnison qui rejette de nouveau, vers 11 h. 30, les
offres de capitulation (3). Le bombardement recommence
et dure jusqu'à 2 heures de l'après-midi, sans résultat.

Sur ces entrefaites, le *2*ᵉ régiment des hussards du
Corps, qui avait atteint Lunéville la veille, ayant rendu
compte de l'évacuation de Nancy, la *4*ᵉ division de
cavalerie se porte dans cette direction, sur Moncel, d'où
elle pousse une avant-garde à Champenoux.

Diane-Capelle, et le passage qu'avait établi le XIᵉ corps ne permet-
tait pas de franchir rapidement le canal, de sorte que les troupes du
Vᵉ corps n'arrivèrent à destination que vers 6 heures du soir. (Stieler
von Heydekampf, *loc. cit.*, p. 85.)

(1) Registre des délibérations du Conseil de défense de la place de
Marsal.

(2) *Journal* tenu par le commandant de la place de Marsal.

(3) *Historique du Grand État-Major prussien*, 4ᵉ livraison, p. 390.

Les troupes de la III⁰ armée étaient très fatiguées (1),
mais le Prince royal, tenant absolument à atteindre la
Moselle au plus tôt, ne crut pas, pour ce motif, devoir
leur accorder une journée de repos, et recommanda seulement aux commandants des corps d'armée de leur pro-
curer tous les soulagements possibles. Il donna, en conséquence, à 5 heures du soir, des ordres pour la continuation du mouvement en avant.

14 août.

Le 14 août, la *4⁰* division de cavalerie occupe Nancy.

Le *5⁰* régiment de dragons, lancé vers l'Ouest, saisit
les correspondances françaises des jours précédents.
Elles contenaient des lettres expédiées de Metz entre le
10 et le 13 août, relatant qu'une grande partie de
l'armée française était aux environs de la place et
s'attendait, de jour en jour, à une bataille. Elles signa-
laient également que des rassemblements considérables se formaient au camp de Châlons (2).

Les reconnaissances de la *4⁰* division de cavalerie
trouvaient intacts les ponts sur la Moselle, à Frouard et
à Pont-Saint-Vincent, mais elles constataient que celui
de la Basse-Flavigny avait été détruit par les Français.
Elles se reliaient, par Frouard, avec la *5⁰* division de
cavalerie, et apprenaient que Pont-à-Mousson était
occupé par l'infanterie de la II⁰ armée.

Le même jour, les corps de tête de la III⁰ armée atteignaient le front Moyenvic (II⁰ bavarois), Avricourt (division würtembergeoise), Einville-au-Jard (V⁰ corps),
Lunéville (XI⁰ corps); la *12⁰* division se portait à

---

(1) Von Hahnke, *loc. cit.*, p. 105; *Tagebücher*, etc., p. 77.
(2) *Historique du Grand État-Major prussien*, 1ʳᵉ livraison, p. 392.
Le major von Hahnke relate au contraire, au 13 août, la saisie de correspondances (*loc. cit.*, p. 105).

Dieuze, le Ier corps bavarois à Maizières. Le quartier
général de l'armée était transféré à Blamont.

Les Allemands trouvaient à Lunéville des approvisionnements considérables, surtout en avoine ; après les avoir
utilisés pour l'alimentation des troupes de passage, il en
resta suffisamment pour que l'on pût en constituer « un
magasin principal (1) ». Ils apprirent, d'autre part, que
le maréchal de Mac-Mahon s'était replié sur Châlons ;
quant au corps du général de Failly, il s'était dirigé,
disait-on, vers le Sud, dans les Vosges méridionales (2).

Dans son mouvement sur Moyenvic, par Dieuze, le
général de Hartmann, commandant le IIe corps bavarois, avait chargé la 7e brigade d'infanterie, la brigade
de uhlans et sept batteries de la réserve d'artillerie
d'investir Marsal sur les deux rives de la Seille. A
10 heures du matin, il faisait sommer de nouveau la
place de se rendre, et déclarait au commandant que s'il
se voyait forcé de bombarder la ville et de la prendre
d'assaut, il ferait « passer toute la garnison au fil de
l'épée (3) ». Le conseil de défense consulté, émit, à
l'unanimité, l'opinion que la place ne pouvait plus tenir.

---

(1) *Historique du Grand État-Major prussien*, 4e livraison, p. 392.

(2) *Ibid.*

(3) La sommation était ainsi conçue : « Je vous annonce que l'armée
française a abandonné la ligne de la Moselle et est en retraite sur
Paris. Toute résistance de Marsal est donc maintenant sans but. Je suis
devant la forteresse avec 40,000 hommes et 60 pièces en position, et
vous somme de vous rendre prisonniers de guerre, les officiers gardant
arme et bagage, les soldats leur bagage. Je vous déclare en même
temps que si, par une résistance frivole, vous me forcez de bombarder
la ville et la prendre d'assaut, je ferai passer toute la garnison au fil
de l'épée. » *Signé* : Hartmann.

Avant que le parlementaire se fût éloigné de la place, le bombardement reprit pendant quelques minutes (*Journal* du commandant de la
place de Marsal ; *Historique du Grand État-Major prussien*, 4e livraison,
p. 392), « par suite d'un malentendu », dit cet ouvrage.

Dans la journée, sans même qu'une brèche eût été faite
aux remparts, la garnison se constituait prisonnière de
guerre ; 60 bouches à feu, 3,000 fusils, des approvisionnements considérables en vivres, munitions et matériel,
tombaient au pouvoir des Bavarois (1).

15 août.

Dans la journée du 14, le quartier général de la
IIIᵉ armée fut avisé de la possibilité d'une tentative
qu'une partie de l'armée du maréchal de Mac-Mahon se
proposait de faire sur son flanc gauche d'une part, et
contre la division badoise qui investissait Strasbourg,
d'autre part (2).

Désireux d'amener ses têtes de colonnes à hauteur de
celles de la IIᵉ armée, le Prince royal ne put encore
accorder à ses troupes une journée de repos. Seule, la
4ᵉ division de cavalerie demeura à Nancy (3).

Le Vᵉ corps atteint la Meurthe à Saint-Nicolas et à
Rosières et établit deux avant-gardes sur la rive gauche.
Le XIᵉ corps se porte de Lunéville à Bayon où, trou-
vant le pont de pierre détruit, il jette deux ponts de

---

(1) Le Conseil d'enquête sur les capitulations fut d'avis, à l'unanimité, que le commandant de la place méritait le blâme.

« Considérant que la garnison de Marsal était insuffisante, qu'il n'y
avait pas un seul artilleur dans la place; que le gouvernement n'avait
fourni aucun moyen pour la défendre; que, toutefois, le commandant
de ladite place s'est rendu avant qu'il ait été fait brèche aux remparts
ou que l'assaut ait été donné; qu'il n'a pas mis hors de service ses
nombreuses bouches à feu ni détruit ses munitions de guerre et de
bouche qui, après la capitulation, ont servi à l'ennemi pour faire le
siège de plusieurs places françaises, est d'avis, à l'unanimité, etc. »
(Extrait du registre des procès-verbaux des séances du Conseil, séance
du 18 octobre 1871.)

(2) Von Hahnke, *loc. cit.*, p. 108-109.

(3) *Historique du Grand État-Major prussien*, 4ᵉ livraison, p. 393.

bateaux qu'utilise la *44ᵉ* brigade, renforcée par le *13ᵉ* hussards et deux batteries, pour franchir la Moselle, prendre position à Crantenois et placer ses avant-postes sur le Madon, entre Haroué et Vandeville. En seconde ligne, les deux corps bavarois, la division würtembergeoise et la *12ᵉ* division viennent stationner respectivement à Einville, Moncel, Sommerviller et Arracourt. Le VIᵉ corps, arrivé dans la nuit du 14 au 15 à Sarrebourg, reste dans cette ville. Le quartier général de l'armée est transféré de Blamont à Lunéville.

La *2ᵉ* division de cavalerie, qui avait franchi la frontière, le 11, à Wissembourg, puis les Vosges à la suite du VIᵉ corps, atteint Saint-Georges le 15 août, et se met à la disposition du Prince royal.

16 août.

Le commandant de la IIIᵉ armée avait décidé, dans l'après-midi du 15, de laisser le lendemain la plus grande partie de ses troupes au repos. Il n'y eut, en conséquence, d'autres mouvements que ceux du IIᵉ corps bavarois qui se porta de Moncel à Nancy; de l'avant-garde du Vᵉ corps, qui poussa ses avant-gardes sur la Basse-Flavigny et Richardménil, pour y rétablir les ponts, s'ils étaient détruits (1); du VIᵉ corps, sauf la *12ᵉ* division, qui vint de Sarrebourg à Blamont (2). Le quartier général de l'armée fut transféré à Nancy.

---

(1) Ce sont les termes de l'ordre de mouvement du Prince royal, daté de Lunéville, 15 août, 5 du soir. (Von Hahnke, *loc. cit.*, p. 111.) Il semble que les reconnaissances de la cavalerie n'auraient pas dû laisser subsister ces doutes. Le pont était en effet détruit. Il fut réparé et un second passage fut établi sur la Moselle au moyen de l'équipage de pont.

(2) Deux bataillons et un escadron demeuraient autour de Phalsbourg avec mission de cerner étroitement la place. (Von Hahnke, *loc. cit.*, p. 111.)

Sur de nouveaux renseignements confirmant la retraite du corps du général de Failly vers les Vosges méridionales, la 2e division de cavalerie fut chargée de couvrir, de ce côté, la gauche de l'armée. Elle s'avança, à cet effet, vers Baccarat, jusqu'aux environs de Montigny.

La 4e division de cavalerie, de son côté, atteignit la route de Toul à Colombey, vers Thuilley; elle envoya le même jour un demi-escadron du 2e hussards à droite et à gauche, avec mission de la flanquer à une journée de marche et de recueillir des nouvelles de l'armée française. Un détachement de même force éclairait en avant, également à une distance d'une journée de marche (1). La brigade de uhlans du IIe corps bavarois, lancée au delà de Nancy, sur Pont-Saint-Vincent et dans la direction de Toul, poussa, par Gondreville, ses escadrons d'avant-postes vers la place. Apprenant qu'un combat était engagé au Nord de la Moselle et du canal de la Marne au Rhin (2), la brigade se porta sur Dommartin d'où sa batterie ouvrit le feu sur la ville, dans le but d'attirer l'attention de la garnison vers le Sud. Celle-ci riposta, mais sans causer de pertes à la cavalerie bavaroise. Dans l'après-midi, le combat ayant cessé dans la direction du Nord, la batterie suspendit son feu ; la brigade alla bivouaquer à Gondreville, ses avant-postes observant la place (3).

---

(1) Le prince Albrecht proposa, le 16, au Prince royal, de se porter sur Saint-Dizier par Bicqueley et Vaucouleurs. Le Prince royal y consentit et laissa au prince Albrecht toute latitude à cet effet, « mais il n'accueillit pas la demande pressante qui lui avait été faite par celui-ci de conserver des compagnies d'infanterie fournies par le XIe corps et particulièrement employées à protéger les bivouacs de la cavalerie ». (Von Hahnke, loc. cit., p. 111.)

(2) Ce combat était livré par le IVe corps.

(3) Historique du Grand État-Major prussien, 4e livraison, p. 394.

17 août.

Au quartier général du Prince royal, on ne savait encore rien de précis sur la situation du 5ᵉ corps français qu'on croyait s'être retiré vers le Sud, mais tous les renseignements recueillis permettaient de conclure à une concentration de forces sérieuses à Châlons.

On supposait, d'autre part, que les masses ennemies qui avaient rétrogradé, par Metz, sur la rive gauche de la Moselle, se proposaient également de gagner le camp de Châlons (1). On connaissait enfin le projet du maréchal de Moltke de faire prononcer une offensive énergique par la IIᵉ armée sur les routes de Metz à Verdun, par Fresnes et par Étain (2).

N'ayant reçu aucune nouvelle instruction du grand quartier général au sujet des mouvements ultérieurs de la IIIᵉ armée, le Prince royal prit la résolution de se porter sur la ligne de la Meuse pour se rapprocher de la zone des opérations de la IIᵉ armée, et pour pouvoir la soutenir éventuellement (3). Le 16 août, il fit établir à cet effet le tableau de marche suivant, d'après lequel les corps de première ligne devaient atteindre le fleuve, le 19 août (4).

---

(1) *Historique du Grand État-Major prussien*, 7ᵉ livraison, p. 896.

(2) *Correspondance militaire* du maréchal de Moltke, tome Iᵉʳ, nᵒ 168.

(3) Von Hahnke, *loc. cit.*, p. 115.

(4) *Ibid.* — L'*Historique du Grand État-Major prussien* donne un tableau de marche allant jusqu'au 20 août inclus (7ᵉ livraison, supplément XXX). Il est en contradiction, sur ce point, avec l'ouvrage de von Hahnke et avec le *Journal* du général Blumenthal qui dit nettement (p. 79) que le tableau de marche fut établi jusqu'au 19 inclus.

	17 Août.	18 Août.	19 Août.
IIe corps bavarois.......	Repos.	Devant Toul.	Lay-St-Rémy.
Ve corps et division wür-tembergeoise.	Maizières.	Blénod-les-Toul.	Vaucouleurs.
XIe corps.............	Vézelise.	Colombey.	Pagny et Sauvigny.
Ier corps bavarois.......	St-Nicolas.	Maizières.	Blénod-les-Toul.
VIe corps.............	Lunéville.	Bayon.	Vézelise.
2e division de cavalerie..	Gerbéviller.	Gripport.	Vaudemont.
Quartier général de la IIIe armée..........	Nancy.	Gondreville.	Etreval.

Il était recommandé aux divers corps de se relier soigneusement entre eux, de faire bivouaquer leurs avant-gardes et d'établir les gros dans des cantonnements « aussi resserrés que possible ». En cas de rencontre avec l'adversaire, les avant-gardes avaient pour instructions de se borner à garder l'attitude défensive, de manière à donner à l'armée le temps de se déployer (1).

Le 17 août, la 4e division de cavalerie atteignait Vaucouleurs et faisait rayonner ses reconnaissances dans la région située entre la Meuse et l'Ornain.

Un demi-escadron du 2e régiment des hussards du Corps entrait en relations, par Commercy, avec la brigade des uhlans de la Garde, lancée par la IIe armée vers Saint-Mihiel, et s'emparait, dans la première de ces villes, d'un courrier français dont les lettres fournissaient des renseignements très importants. Le Prince royal apprenait ainsi la présence au camp de Châlons de la division de cavalerie du 6e corps ; la vive impulsion donnée aux travaux de défense de Paris ; l'appel sous les drapeaux de tous les hommes âgés de 25 à 35 ans ; la for-

---

(1) *Historique du Grand État-Major prussien*, 7e livraison, p. 897.

mation des 12ᵉ et 13ᵉ corps, et les noms de leurs chefs.
Un escadron de hussards du XIᵉ corps recueillait de nouvelles indications sur la retraite des 1ᵉʳ et 5ᵉ corps, et
mandait de Laloeuf que des troupes françaises avaient
marché le 14 de Vaudemont sur Neufchâteau (1).

Le même jour, la 2ᵉ division de cavalerie, chargée du
soin d'éclairer sur le flanc gauche, arrivait à Gerbéviller,
et sa 5ᵉ brigade atteignait Vennezey, poussant, au delà de
Baccarat, le 4ᵉ escadron du 4ᵉ hussards. Un peloton de
ce dernier, s'étant avancé jusqu'à Rambervillers, apprit
que le 11, des troupes françaises au nombre de 12 à
13,000 hommes, avaient traversé cette localité, se dirigeant vers Charmes. Comme elles ne pouvaient appar-
tenir qu'au 5ᵉ corps français, ce renseignement ne
contredisait pas l'hypothèse de sa retraite vers le Sud,
admise au quartier général de la IIᵉ armée.

Le 17 également, les divisions du Vᵉ corps gagnaient le
Madon à Pont-Saint-Vincent et Frolois; celles du XIᵉ
arrivaient a Vézelise et Tantonville. En seconde ligne, la
division würtembergeoise atteignait la Moselle à la Basse-
Flavigny; le Iᵉʳ corps bavarois se rapprochait de la
Meurthe dans la direction de Saint-Nicolas ; le IIᵉ corps
bavarois demeurait à Nancy. Plus en arrière, le VIᵉ corps
se rassemblait à Lunéville; il ne lui manquait que quelques troupes de la 11ᵉ division maintenues devant
Phalsbourg (2) et l'équipage de pont laissé à Hague-
nau (3).

Le Prince royal allait quitter Nancy vers 8 heures du
matin, quand un courrier du grand quartier général
apporta la nouvelle d'une grande bataille livrée la veille,
près de Metz, par les IIIᵉ et Xᵉ corps. Les Français,

(1) *Historique du Grand État-Major prussien*, 7ᵉ livraison, p. 897.
(2) Iᵉʳ et IIᵉ bataillons du 51ᵉ ; 3ᵉ escadron du 8ᵉ dragons.
(3) *Historique du Grand État-Major prussien*, 7ᵉ livraison, p. 898.

disait le message, se seraient repliés sur Metz en bon
ordre (1). Le Roi prévenait le Prince royal qu'une
bataille décisive aurait lieu dans la journée, et que, s'il
voulait y assister avec son chef d'état-major général,
des chevaux seraient mis à leur disposition à Gorze.

Le Prince jugea que son devoir était de ne pas s'éloigner de ses troupes; toutefois, il envoya deux officiers
de son état-major à Pont-à-Mousson pour être tenu
constamment au courant des événements (2).

18 août.

Le 18 août, le gros de la 4e division de cavalerie atteignait Demange-aux-Eaux et bivouaquait sur la rive
droite de l'Ornain. Des partis de hussards éclairaient sur
les flancs et poussaient, en avant du front, jusqu'à la
Saulx, à Ménil et Montiers, et même jusqu'aux abords
de la Marne. Ils s'emparaient des correspondances et
trouvaient à Ménil un télégramme du Ministre de l'intérieur aux préfets relatant l'arrivée de l'Empereur au
camp de Châlons, « où s'organisaient de grandes
forces (3). » Ce renseignement était confirmé par les
rapports des patrouilles de cavalerie annonçant que les
troupes du maréchal de Mac-Mahon avaient été transportées, par voie ferrée, de Neufchâteau sur Châlons, et
que le Maréchal lui-même se trouvait au camp. D'autres
rassemblements, parmi lesquels la garde mobile du

---

(1) *Tagebücher*, etc., p. 80. — Von Hahnke mentionne le fait d'une
façon un peu différente. Le courrier aurait apporté la nouvelle « de la
victoire chaudement disputée la veille à Mars-la-Tour, et de la retraite
de l'ennemi sur Metz ». (*Loc. cit.*, p. 116.)

(2) *Tagebücher*, etc., p. 80; Von Hahnke, *loc. cit.*, p. 116.

(3) Ce télégramme fut envoyé au quartier général de la IIIe armée,
où il arriva le 19 août. (Von Hahnke, *loc. cit.*, p. 123.)

département de la Meurthe, existaient, disait-on, aux environs immédiats de Verdun (1). A la nuit, le lieutenant Horn, du 2ᵉ hussards, rencontrait près d'Ancerville une fraction de cavalerie française.

De son côté, la 2ᵉ division de cavalerie s'était portée sur Charmes; la 5ᵉ brigade atteignait Vincey d'où elle détachait sur Thaon le 2ᵉ escadron du 6ᵉ hussards. Celui-ci mandait, d'une manière positive, qu'il n'y avait pas eu récemment de mouvements de troupes françaises remontant la Moselle pour se diriger sur Épinal, d'où l'on induisait que le général de Failly avait dû, lui aussi, continuer sa retraite vers l'Ouest (2).

Dans la même journée du 18, le IIᵉ corps bavarois franchissait la Moselle, en amont de Toul, sur un pont jeté à Pierre-la-Treiche, et venait cantonner dans les villages au Sud et à l'Ouest de la place. La brigade de uhlans s'avançait jusqu'à Pagny-sur-Meuse et entrait en relations, par Void et Commercy, avec les troupes avancées du IVᵉ corps. La tête de colonne du Vᵉ corps arrivait à Blenod, celle du XIᵉ, entre Colombey et Allamps. Derrière eux, la division würtembergeoise venait à Ochey; plus en arrière, le Iᵉʳ corps bavarois atteignait Pont-Saint-Vincent et Maizières; le VIᵉ corps entrait à Bayon.

Un des officiers d'état-major envoyés par le Prince royal à Pont-à-Mousson, transmit, dans la matinée du 18, des renseignements sur la bataille du 16 et ses conséquences. Il fit connaître, en même temps, que « l'intention du Roi était que la IIIᵉ armée poursuivît tranquillement sa marche sur Paris, mais qu'elle s'emparât de Toul (3) ». En conséquence, le Prince royal expédia de

---

(1) *Historique du Grand État-Major prussien*, 7ᵉ livraison, p. 898.
(2) *Ibid*.
(3) Von Hahnke, *loc. cit.*, p. 118.

Nancy, le 18 août à midi, les instructions suivantes pour la marche ultérieure :

« La sanglante bataille livrée le 16, à Gorze, par la IIe armée a rejeté sur Gravelotte les forces françaises réunies autour de Metz, et sérieusement menacé leur ligne de retraite ; il est probable que la IIe armée les attaquera de nouveau aujourd'hui afin de leur couper complètement les routes de Verdun.

« Ces combats vont retenir la Ire et la IIe armée pendant plusieurs jours et les empêcheront peut-être de se porter vers l'Ouest aussi rapidement que la IIIe armée. Celle-ci continuera son mouvement sur Paris en marchant au Sud de la ligne du chemin de fer ; le 20, elle aura franchi la Meuse sur divers points et s'avancera à une petite journée de marche au delà des défilés.

« Le 20 sera probablement un jour de repos pour les troupes.

« On annonce que deux divisions du corps de Failly se sont dirigées au Sud sur Mirecourt ; le camp de Châlons paraît fortement occupé ; une armée est en formation à Paris. Il n'est pas impossible que toutes ces forces et quelques troupes sortant de Metz parviennent à se réunir ; la IIIe armée doit s'attendre, d'ici peu de jours, à se trouver de nouveau en présence de l'ennemi.

« Les corps d'armée de la première ligne auront donc toujours une avant-garde à une demi-journée ou à une journée en avant, et se feront éclairer par la cavalerie.

« Les avant-gardes bivouaqueront tandis que les troupes en arrière pourront s'établir en cantonnements resserrés. Le IIe corps bavarois se gardera sur son flanc droit, le XIe corps sur son flanc gauche.

« La 4e division de cavalerie se retirera derrière la première ligne ; la 2e division marchera sur le flanc de la seconde ligne et éclairera autant que possible le pays du côté du Sud.

« En règle générale, lorsque les colonnes isolées rencontreront l'ennemi, elles se conformeront aux prescriptions ci-après :

« Dès qu'une avant-garde se verra sérieusement menacée, elle s'arrêtera et prendra position pendant que le gros du corps fera ses préparatifs de combat. Il est très désirable que ces troupes ne prennent pas l'offensive, afin de laisser à l'armée, dont le front de marche a une étendue de trois milles (22 kilomètres), le temps de se concentrer.

« Je recommande expressément aux commandants de colonnes de rester en relations constantes entre eux et de s'avertir réciproquement de tous les incidents de la marche ; ils devront aussi établir des relais avec le grand quartier général pour recevoir les ordres et envoyer les rapports aussi promptement que possible.

« L'armée marchera sur trois colonnes principales :

« Le II⁰ corps bavarois sur la grande route de Saint-Dizier ;

« Le Vᵉ corps, y compris la division würtembergeoise, de Vaucouleurs, par Demange et Morley, sur Rachecourt-sur-Marne ;

« Le XIᵉ corps par Gondrecourt sur Joinville sur la Marne ;

« Le Iᵉʳ corps bavarois suivra le IIᵉ corps bavarois et le VIᵉ corps marchera derrière le XIᵉ corps ;

« La 4ᵉ division de cavalerie recevra l'ordre de passer en seconde ligne derrière le Vᵉ corps ;

« La 2ᵉ division de cavalerie marchera de Vaudemont dans la direction générale de Greux et Dainville-sur-Poissons ;

« Le quartier général de l'armée se portera le 19 à Crépey et Germiny, le 20 à Vaucouleurs, le 21 à Houdelaincourt (1). »

---

(1) Von Hahnke. *Die Operationen der III Armee*, p. 83. — La traduction française est erronée en ce qui concerne la 2ᵉ division de cavalerie.

Les corps d'armée reçurent en route l'indication de la zone des cantonnements à occuper le 20 août et furent prévenus que le siège de l'inspection générale des étapes serait transféré à Nancy le 19 et à Vaucouleurs le 20.

19 août.

Dans la journée du 18, la *4*^e division de cavalerie avait effleuré le contact, et acquis la certitude de l'existence, au camp de Châlons, de rassemblements considérables. Dès lors, la découverte devait être poussée sans retard sur Vitry et Châlons, dans le but d'évaluer l'importance des forces françaises, tandis que la division se serait portée, d'un bond, de l'Ornain sur la Marne. Elle se contentait, en réalité, d'une marche de 10 kilomètres, en remontant l'Ornain, et venait stationner à Menaucourt, son avant-garde à Ménil-sur-Saulx. Le lieutenant Horn, du *2*^e hussards, observait, vers 4 heures du matin, la marche d'un bataillon français qui se dirigeait de Saint-Dizier, par Ancerville, sur la Houpette, puis au delà jusqu'à Aulnois et Lavincourt. Relevé par une reconnaissance du même régiment, cet officier se portait sur Stainville, en continuant à surveiller l'adversaire. Dans l'après-midi, un escadron du *5*^e régiment de dragons, appartenant aux avant-postes de la division eut, près d'Aulnois-en-Barrois, un léger engagement avec les 3e et 4e escadrons du 11e chasseurs à cheval. Ceux-ci se trouvèrent ensuite en présence de l'avant-garde de la *4*^e division accourue de Ménil-sur-Saulx et rétrogradèrent sur Ancerville (1).

A droite de la division, un parti de flanqueurs éclairait, par Ligny, jusqu'au delà de Bar-le-Duc; à gauche, un demi-escadron du *2*^e hussards se dirigeait de Montiers

---

(1) Le colonel du 11e chasseurs au général de Failly. (Deux télégrammes du 19 août.)

sur Chevillon, où un de ses pelotons était accueilli à
coups de fusil par la 2ᵉ compagnie du IIᵉ bataillon du
46ᵉ de ligne (1).

L'escadron rétrogradait sur Dammarie, à 15 kilomètres en arrière, sans même laisser une patrouille au
contact, le premier pourtant qu'on eût obtenu depuis la
traversée des Vosges.

A Menaucourt, le prince Albrecht recevait communication de l'ordre général du 18 août, qui prescrivait à la
4ᵉ division de cavalerie de passer en deuxième ligne,
derrière le Vᵉ corps. Il protesta avec juste raison et
demanda à rester devant le front de l'armée. Mais le
Prince royal persista dans sa résolution. Il l'autorisa
seulement à y demeurer provisoirement, en lui ordon-
nant toutefois de ne pas franchir la Marne et de se borner
à pousser en avant quelques reconnaissances. Le prince
Albrecht ne reprit sa liberté de mouvement que le 23 août,
grâce à l'intervention du maréchal de Moltke.

Sur ces entrefaites, les corps de première ligne de la
IIIᵉ armée débouchaient sur la Meuse. Conformément
aux ordres du Prince royal, le IIᵉ corps bavarois laissait
devant Toul la 7ᵉ brigade d'infanterie avec le 2ᵉ régiment
de chevau-légers et deux batteries, sous les ordres du
général-major de Thiereck, avec mission d'investir la
place au Nord et au Sud. Le gros du corps d'armée arrivait près de Lay-Saint-Remy, poussant une brigade d'infanterie sur Void et la brigade de uhlans sur Ménil-la-
Horgne (2). Le Vᵉ corps stationnait à Vaucouleurs et
Chalaines; la 17ᵉ brigade constituant son avant-garde, à
Montigny (3). La division würtembergeoise s'établissait

---

(1) Division Goze, du 5ᵉ corps.

(2) *Historique du Grand Etat-Major prussien*, 7ᵉ livraison, p. 900.
Le 2ᵉ chevau-légers, laissé devant Toul, était provisoirement remplacé à la 4ᵉ division bavaroise par le 5ᵉ régiment de même arme.

(3) Stieler von Heydekampf, *loc. cit.*, p. 84.

à Septvigny ; le XIe corps, à cheval sur la Meuse, d'Épiez à Sauvigny.

En seconde ligne, le Ier corps bavarois se portait à Colombey, le VIe corps à Vézelise. La 2e division de cavalerie, après avoir déterminé la direction de retraite du 5e corps, se rabattait vers l'Ouest et occupait Vaudemont, la 5e brigade détachée à Forcelles-sous-Gugney. Un escadron de hussards, flanqueur de gauche, s'était porté de Thaon sur Mirecourt, où il apprenait que le général de Failly avait stationné dans cette localité dans la nuit du 12 au 13 août.

Le quartier général de la IIIe armée était resté établi à Nancy. Le major de Hahnke qui avait assisté à la bataille du 18 août, rejoignit le Prince royal le 19 à 5 h. 30 du matin. Il lui apprit que la lutte avait été chaude ; que la nuit était venue l'interrompre, et que l'armée prussienne avait gagné un peu de terrain. Il n'apportait d'ailleurs aucune instruction ; seul, le général de Podbielski, quartier-maître général, avait émis l'opinion de maintenir la IIIe armée sur les emplacements qu'elle occupait le 19. Le Prince royal allait plus loin dans cet ordre d'idées : il voulait rétrograder d'une marche en se concentrant. Le général de Blumenthal fut d'un avis opposé. Il considérait que la IIIe armée ne pouvait pas, en tout état de cause, participer à l'action décisive qui se livrerait près de Metz, sans doute dans la journée même, et déclarait qu'il fallait poursuivre la marche en avant. A 10 heures du soir, l'hésitation sur ce point cessa, à l'arrivée du capitaine Lenke, de l'état-major général de la IIIe armée, qui annonça la retraite des Français derrière les forts de Metz (1).

---

(1) Ces détails sont extraits des *Tagebücher* de Blumenthal, p. 80 et 81.

20 août.

Le 20 août, la 4ᵉ division de cavalerie apprenait, par ses reconnaissances, la retraite des Français de Saint-Dizier sur Vitry. Le gros se portait sur Stainville, la brigade d'avant-garde à Ancerville, détachant deux escadrons du 2ᵉ hussards sur Saint-Dizier. Un peloton lancé au delà, sur Vitry, enlevait trois soldats français isolés et apprenait que la place était occupée par le corps du général de Failly. Une patrouille du 5ᵉ dragons suivait une colonne française en marche de Saint-Dizier vers le Nord-Ouest, et coupait la voie ferrée et le télégraphe à Favresse, près de Blesme. Elle essaya le lendemain de pénétrer dans Vitry, et fut repoussée à coups de fusil par une fraction de la garde nationale.

Les trois corps de tête de la IIIᵉ armée atteignaient la ligne de l'Ornain : le IIᵉ corps bavarois, avant-garde à Ligny-en-Barrois, gros à Ménil-la-Horgne, brigade de uhlans à Bar-le-Duc, communiquant au Nord avec la cavalerie de la Garde et le IVᵉ corps de la IIᵉ armée ; le Vᵉ corps, avant-garde à Hévilliers, gros à Tréveray et Demange-aux-Eaux ; la division würtembergeoise à Delouze et Houdelaincourt ; le XIᵉ corps, avant-garde à Mandre, gros à Gondrecourt et Dainville-aux-Forges.

En seconde ligne, le Iᵉʳ corps bavarois arrivait à Void ; le VIᵉ corps aux environs de Pagny-la-Blanche-Côte et de Maxey-sur-Vaise. Sur leur flanc gauche, la 2ᵉ division de cavalerie stationnait à Martigny, Maxey-sous-Brixey et Saint-Élophe.

Un détachement qui avait pris par Neufchâteau envoyait des renseignements dont il résultait, sans le moindre doute, que les troupes françaises avaient effectué leur retraite par Mirecourt et Neufchâteau, puis sur Châlons par voie ferrée. Les reconnaissances envoyées sur Épinal confirmaient qu'il ne se trouvait pas de rassemblements ennemis dans cette région, sinon un grand nombre de gardes mobiles habillés mais non armés (1).

Après s'être rendus dans la matinée à Pont-à-Mousson où ils eurent une entrevue avec le roi de Prusse et le maréchal de Moltke, le Prince royal et le général de Blumenthal avaient rejoint le quartier général de la IIIᵉ armée, transféré de Nancy à Vaucouleurs. Le Prince royal y reçut les instructions du grand quartier général, datées du 19 août, arrêtant une nouvelle répartition des forces allemandes et réglant le mouvement simultané sur Paris de la IIIᵉ armée et d'une nouvelle armée, dite de la Meuse. Ces instructions étaient ainsi conçues :

« A la suite des succès de ces derniers jours, il est devenu à la fois nécessaire et possible de donner aux troupes le repos dont elles ont besoin, et de faire arriver des renforts pour réparer leurs pertes. Il importe aussi que, dans la continuation du mouvement sur Paris, les armées s'avancent à la même hauteur, afin de pouvoir se mesurer en forces suffisantes avec les troupes de nouvelle formation, en voie de concentration à Châlons.

« D'autre part, il faut encore prévoir le cas où l'armée française rejetée sous Metz viendrait à tenter de se faire jour vers l'Ouest. Six corps d'armée seront donc conservés sur la rive gauche de la Moselle où, établis sur la ligne de hauteurs enlevées hier, ils pourront s'opposer à toute entreprise de cette nature. Un corps d'armée et la division de réserve resteront sur la rive droite et devront, si cela devient nécessaire, éviter de s'engager avec un assaillant numériquement supérieur.

« S. M. le Roi affecte au blocus la Iʳᵉ armée, la 3ᵉ division de réserve, plus les IIᵉ, IIIᵉ, IXᵉ et Xᵉ corps.

« Sa Majesté confie à S. A. R. le prince Frédéric

(1) *Historique du Grand Etat-Major prussien*, 7ᵉ livraison, p. 901.

Charles le commandement de toutes les troupes chargées
de cette opération, et décide en outre que la Garde, les
IV⁰ et XII⁰ corps, ainsi que les 5⁰ et 6⁰ divisions de cavalerie, passeront sous les ordres de S. A. le prince royal
de Saxe, pour y demeurer jusqu'à ce que les circonstances permettent de revenir à la répartition primitive
en trois armées. L'état-major de S. A. le Prince royal
sera immédiatement constitué.....

« La III⁰ armée fait halte momentanément sur la
Meuse.

« Le quartier général de Sa Majesté reste provisoirement à Pont-à-Mousson, où le II⁰ corps laissera un
bataillon (1). »

D'après l'ordre qui précède, la III⁰ armée devait
séjourner sur ses emplacements actuels du 20 août, jusqu'au moment où les corps de l'armée de la Meuse par-
viendraient à peu près à sa hauteur. Le Prince royal
ordonnait donc un repos pour les journées des 21 et
22 août, et se bornait à prescrire aux deux divisions
de cavalerie de continuer, les jours suivants, à lancer
des reconnaissances au loin, de façon à éclairer le pays
sur le front et sur la gauche de l'armée et à rétablir,
autant que possible, le contact avec l'adversaire. La
4⁰ division de cavalerie était spécialement chargée, en
outre, d'endommager légèrement, dans le voisinage des
stations, les voies ferrées situées à sa portée, de façon
à empêcher l'ennemi d'évacuer son matériel d'exploitation (2).

---

(1) *Historique du Grand Etat-Major prussien*, 7⁰ livraison, p. 885-
886.

(2) *Historique du Grand Etat-Major prussien*, 7⁰ livraison, p. 902.

21 et 22 août.

Le prince Albrecht envoyait le 21, à Saint-Dizier, toute la brigade d'avant-garde de la 4ᵉ division de cavalerie. Le même jour, les 3ᵉ et 4ᵉ escadrons du 5ᵉ régiment de dragons partaient avec la mission de rechercher l'ennemi et de s'attacher à ses pas ; ils arrivaient dans la soirée à Outrepont. Le 22, la 2ᵉ division de cavalerie poussait de fortes reconnaissances sur Chaumont, Montigny, Lamarche et Darney, sans grands résultats, semble-t-il (1). Des renseignements précieux étaient fournis, par contre, par la cavalerie divisionnaire du XIᵉ corps. Le major de Strachwitz, du 14ᵉ hussards, avait été envoyé, le 21, de Gondrecourt sur Joinville, avec les 3ᵉ et 4ᵉ escadrons de ce régiment et un détachement de pionniers, pour couper la voie ferrée et faire des réquisitions. En arrivant à la gare de Joinville, il dépouilla le registre télégraphique et envoya un compte rendu d'où il ressortait : que les premières troupes françaises étaient arrivées le 16 août, de Chaumont à Joinville pour y protéger le passage du 5ᵉ corps, fort d'environ 20,000 hommes (2) ; que celui-ci avait exécuté son mouvement, partie à pied, partie par voie ferrée ; que, dans les journées des 18 et 19, vingt trains militaires transportant l'infanterie des divisions Goze et de L'Abadie, avaient été expédiés sur Saint-Dizier et Vitry, tandis que la division de cavalerie Brahaut se portait sur Châlons par voie de terre ; que la gare de Joinville avait été évacuée dans la nuit du 19 au 20. De ces ren-

---

(1) Du moins, l'*Historique du Grand Etat-Major prussien* ne les relate-t-il pas.

(2) D'après von Hahnke, les effectifs n'étaient pas indiqués sur le registre, « mais le maire de Joinville prétendait avoir fourni des vivres pour 20,00 hommes. » (*Loc. cit.*, p. 136.)

seignements, on pouvait conclure avec certitude que le 5ᵉ corps avait rallié le camp de Châlons (1). On apprenait d'ailleurs, par une reconnaissance d'officier lancée sur Verdun par le *17ᵉ* uhlans, que les bruits de la formation d'une autre armée française près de cette place étaient complètement inexacts (2).

Dans la soirée du 22 août, les forces allemandes destinées à marcher sur Paris, se trouvaient à peu près à même hauteur, face à l'Ouest, sur un front de plus de 75 kilomètres. La droite de cette ligne était formée par les corps de l'armée de la Meuse, venant des environs de Metz : XIIᵉ à Jeandelize, Garde à Woël, précédés des 5ᵉ, *12ᵉ*, 6ᵉ divisions de cavalerie et de la division de cavalerie de la Garde, sur le front Étain, Hennemont, Fresnes-en-Woëvre, Hannonville-sous-les-Côtes. Au centre se trouvait le IVᵉ corps, sur les deux rives de la Meuse, près de Commercy, et des fractions de la cavalerie de la Garde.

L'aile gauche se composait du 1ᵉʳ corps bavarois, du VIᵉ corps et de la *2ᵉ* division de cavalerie, tandis que la masse principale de la IIIᵉ armée formait un échelon en saillie sur l'Ornain.

La *4ᵉ* division de cavalerie était à Stainville, à 10 kilomètres seulement en avant du front ; ses éclaireurs battant le pays jusqu'à la vallée de la Marne.

Dans la matinée du 22, le Prince royal reçut du maréchal de Moltke les instructions suivantes :

Pont-à-Mousson, 21 août 1870, 11 heures matin.

« Une grande partie de l'armée française ayant été battue et se trouvant investie dans Metz par sept corps d'armée et demi, la division de S. A. R. le prince de

---

(1) *Historique du Grand État-Major prussien*, 7ᵉ livraison, p. 903.
(2) *Ibid.*, p. 914.

Saxe et la III⁰ armée continueront leur mouvement vers
l'Ouest, de manière que celle-ci, marchant à la gauche
de la première, la précède d'une étape ; elles attaque-
ront l'ennemi de front et sur sa droite lorsqu'elles le
rencontreront, et le couperont de ses communications
avec Paris, en le rejetant vers le Nord.

« D'après les dernières nouvelles, des corps français
sont encore à Verdun ; il paraît cependant probable
qu'ils se replient sur Châlons, où se concentrent des
fractions des corps de Mac-Mahon et de Failly, des
troupes de nouvelle formation et des régiments isolés
venant du Sud et de l'Ouest de la France. Le 26 août, la
division d'armée du prince de Saxe et la III⁰ armée se
concentreront de leur côté sur la ligne Sainte-Menehould, Vitry-le-François, en face de Châlons.

« L'armée du prince de Saxe se mettra en mouvement le 23, et se dirigera sur la ligne Sainte-Menehould,
Dancourt, Givry-en-Argonne, où ses avant-gardes
devront arriver le 26.

« Elle enlèvera Verdun par un coup de main, ou
tournera la ville par le Sud en la faisant surveiller.

« La III⁰ armée se mettra en mouvement de manière
que ses avant-gardes soient le 26 sur la ligne Saint-
Mard-sur-le-Mont, Vitry-le-François.

« Le quartier général du Roi se portera à Commercy
le 23 août ; un bataillon du IV⁰ corps y restera comme
garnison (1). »

L'état-major de la III⁰ armée établit, en conséquence,
un tableau de marche du 23 au 26 août ; l'extrait suivant
donne les emplacements des quartiers généraux autour
desquels les troupes étaient groupées :

---

(1) *Correspondance militaire* du maréchal de Moltke, tome I⁰ʳ,
n⁰ 189.

Tableau de marche.

	23 Août.	24 Août.	25 Août.	26 Août.
IIᵉ corps bavarois..........	Tronville.	Bar-le-Duc.	Bettancourt.	Charmont et au bivouac.
Vᵉ corps et division würtembergeoise.	Stainville.	Robert-Espagne.	Sermaize.	Bettancourt et au bivouac.
XIᵉ corps..............	Montiers-sur-Saulx.	Saint-Dizier.	Thiéblemont.	Heiltz-le-Maurupt.
Iᵉʳ corps bavarois..........	Saint-Aubin.	Tronville.	Bar-le-Duc.	Nettancourt.
VIᵉ corps................	Gondrecourt.	Montiers-sur-Saulx.	Saint-Dizier.	Pouthion.
2ᵉ division de cavalerie.......	Cirfontaines.	Joinville.	Eclaron.	Domremy.
Quartʳ général de la IIIᵉ armée.	Ligny.	Repos.	Alliancelles.	Repos.

E.

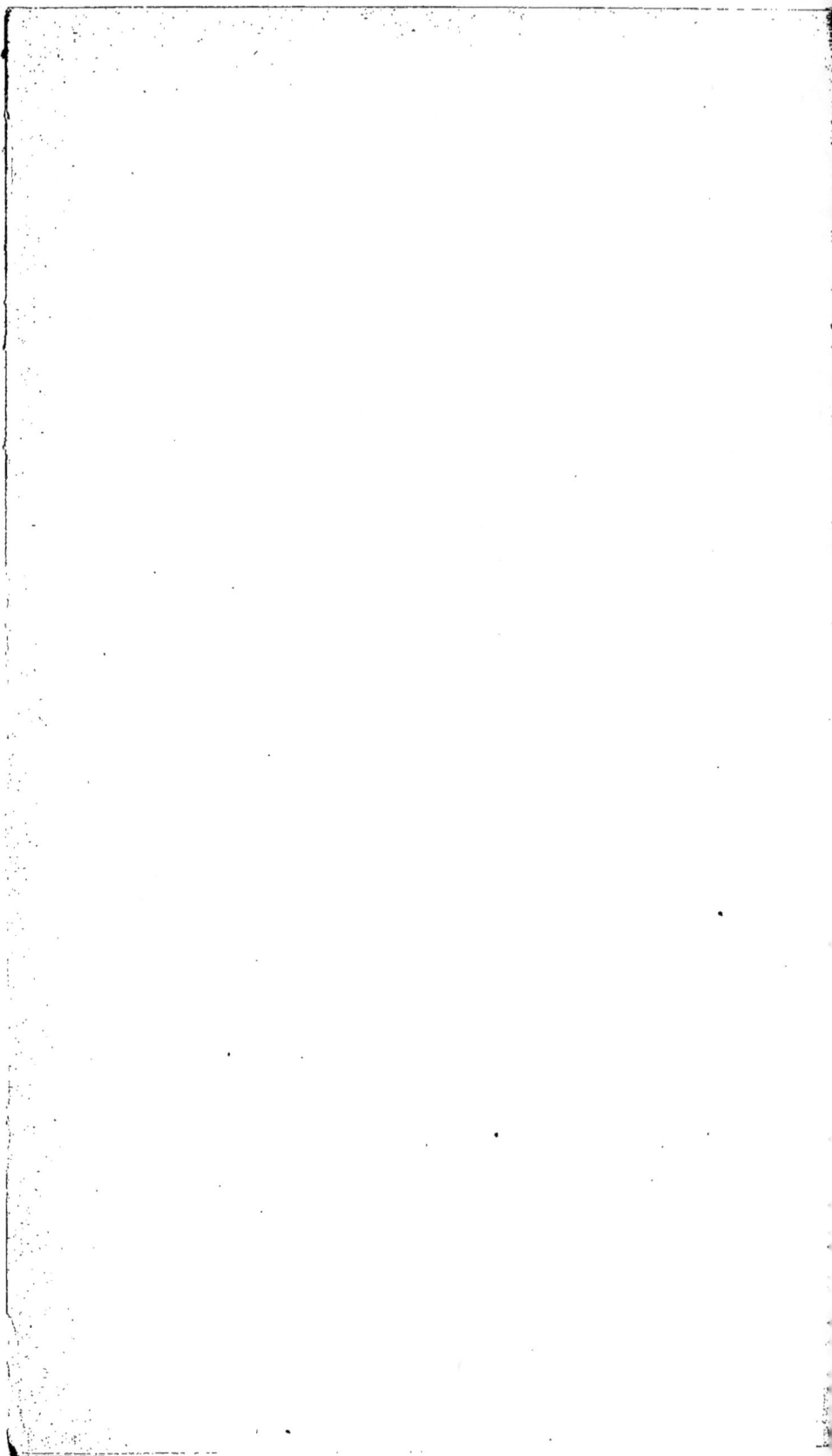

DOCUMENTS ANNEXES.

Journée du 13 août.

1er CORPS.

a) Journaux de marche.

Journal de marche du 1er corps.

L'ennemi étant signalé à Lunéville et à Nancy, le Maréchal se décida à abandonner la direction de Bar-le-Duc, et à se diriger sur Neufchâteau tête de ligne d'un chemin de fer communiquant avec Châlons.

En conséquence, tout le 1er corps se porte sur Vezelise où il change de direction vers le Sud pour aller coucher dans les environs de Vicherey, en passant par Ognéville, Lalœuf et Vandeléville.

La division Conseil-Dumesnil s'établit à Tramont-Lassus et à Tramont-Emy.

La 4e division (Lartigue) à Tramont-Saint-André, à Soncourt et à Aroffe.

La 3e division (L'Hériller) avec la brigade Septeuil à Pleuvezain. Un escadron se porte en reconnaissance au Pont-Saint-Vincent où il reste jusqu'à la nuit. Il rejoint à Pleuvezain. La 2e division, Pellé, à Vicherey.

La 1re division (Ducrot), s'arrête à Vézelise.

Le même jour, les divisions de cavalerie Bonnemains et Duhesme, avec la réserve d'artillerie, se portent de Colombey à Neufchâteau.

Les troupes sont nourries par réquisition depuis le départ de Lunéville.

Le quartier général est à Vicherey.

Notes sur les opérations du 1er corps de l'armée du Rhin et de l'armée de Châlons (dictées par le maréchal de Mac-Mahon à Wiesbaden en janvier 1871).

Le 13, le quartier général et l'infanterie se transportèrent à Vicherey ; la cavalerie légère à Pleuvezain ; les divisions Bonnemains et Duhesme et l'artillerie de réserve à Neufchâteau.

Souvenirs inédits du maréchal de Mac-Mahon.

Le 13, j'établis mon quartier général à Vézelise, la cavalerie à Neufchâteau. Là, je reçus de l'état-major général l'avis que je serais désormais sous les ordres du maréchal Bazaine. Je lui donnai immédiatement connaissance de la situation et de la marche du corps sous mes ordres.

2e DIVISION.

De Crantenoy à Vicherey. — Pendant cette étape, la division fut arrêtée pendant près de deux heures à Lalœuf pour laisser passer le convoi et les bagages de l'état-major général. Arrivée à Vicherey vers 12 h. 30.

3e DIVISION.

Départ d'Haroué à 5 heures du matin. Arrivée à Pleuvezain (2 kilomètres plus loin que Vicherey) à 1 heure du soir. Les troupes sont campées dans une prairie en arrière du village.

4e DIVISION.

Journal du colonel d'Andigné, chef d'état-major.

Départ à 3 heures du matin.
Nous avons reçu l'ordre de nous porter à Sclaincourt, près Colombey ; mais, le Maréchal, prévenu que les Prussiens sont entrés à Nancy le 12 mars vers 4 heures, prend le parti d'aller chercher le chemin de fer à Neufchâteau et nous dirige sur Tramont-Saint-André.
On avait d'abord prescrit Tramont-Emy ; cette fausse direction nous fait arriver au gîte à 4 heures seulement.....

Renseignements extraits du carnet de campagne du général Lefort sur certains événements de la guerre de 1870.

Destruction du pont de Bayon. — La demi-compagnie de chemins de fer, venant de Lunéville, arriva à Bayon le 11 août, à la pointe du jour.

Conformément à l'ordre reçu, elle se mit en mesure de détruire le pont de Bayon, dont la charpente, reposant sur des piles en maçonnerie, était composée de poutres en arc formées de madriers accolés et assemblés.

Bien que le procédé le plus rapide consistât dans l'incendie de cette charpente, il fut prescrit de creuser des fourneaux dans les piles, afin de ne pas attirer trop l'attention.

Une forte crue de la Moselle, survenue dans la nuit du 11 au 12, contraria ce travail rendu déjà difficile par la dureté de la pierre.

Le matin, la demi-compagnie fut autorisée à préparer l'incendie de l'une des travées du pont. Elle plaça des fagots au-dessus des poutres, dans les intervalles existant entre elles et le tablier. Du pétrole, requis dans le village de Bayon, fut employé à arroser les fagots et les poutres, dans lesquelles des trous furent percés pour faciliter l'introduction du liquide.

La travée à détruire fut incendiée le 13 au matin, après le passage des troupes.

Destruction du pont de Flavigny. — Pendant que ces travaux étaient exécutés, un détachement, prélevé sur la demi-compagnie et composé d'un officier, d'un sergent, d'un brigadier de sapeurs-conducteurs et de onze sapeurs dont une ordonnance, fut envoyé à Flavigny, pour détruire le pont sur la Moselle. Le lieutenant Lefort, qui le commandait, reçut directement du maréchal de Mac-Mahon les ordres nécessaires. En plus de la destruction du pont de Flavigny, le commandant du 1er corps demandait qu'on essayât de détruire celui de Pont-Saint-Vincent, tout en appelant l'attention de l'officier sur les dangers de cette mission, la cavalerie ennemie, d'après les renseignements reçus, pouvant arriver dans la journée à Nancy et dépasser cette ville.

Pour échapper, autant que possible, à cette cavalerie, le lieutenant Lefort requit un chariot de paysan dans lequel les hommes furent placés et dissimulés par de la paille ; puis des précautions spéciales furent prises pendant la marche. Le détachement emmenait avec lui une voiture de sapeurs-mineurs dans laquelle on avait placé, faute de caisson au début de la campagne, 400 kilogrammes de poudre en barils.

A l'arrivée à Flavigny, vers midi, le lieutenant s'adressant au maire pour obtenir des renseignements sur le pont, apprit qu'il était muni d'un dispositif dans la culée de la rive gauche et emmena avec lui un maçon qui avait travaillé à réparer le puits d'accès.

Le travail fut poussé très activement ; l'arche du pont la plus voisine de la rive gauche de la Moselle fut rompue à 5 heures du soir.

Le lieutenant attendit, pour mettre le feu, le retour du lieutenant-colonel d'Abzac, aide de camp du Maréchal, qui avait été envoyé à Nancy et l'avait quittée entre 3 et 4 heures, après avoir constaté l'arrivée de la cavalerie dans le faubourg d'Essey.

Le détachement se dirigea par Frolois et Bainville-sur-Madon, vers Pont-Saint-Vincent. Une reconnaissance indiqua qu'il existait un gué praticable et que la rupture du pont n'empêcherait pas l'ennemi de passer.

D'ailleurs, pour détruire cet ouvrage il aurait fallu plus de poudre qu'il n'en restait, 380 kilogrammes sur 400 ayant été nécessaires à Flavigny, même en réduisant la charge au-dessous des fixations inscrites sur les fourneaux.

Le chef de détachement décida donc de rejoindre le corps d'armée par une marche de nuit, en suivant l'itinéraire Bainville-sur-Madon, Xeuilley, Houdelmont, Houdreville et en prenant toutes les mesures de sûreté que comportait la situation.

Après un repos pris dans ce dernier village, le détachement rejoignit le corps d'armée à 5 heures du matin, à Vézelise, où se trouvait le maréchal de Mac-Mahon. Il lui fut rendu compte de la mission accomplie.

c) **Opérations et mouvements.**

L'Impératrice à l'Empereur (D. T.).

Paris, 13 août.

Les ordres sont donnés. Le comte de Palikao assure qu'il aura 80,000 hommes à Châlons dans quatre jours, en comptant les corps Mac-Mahon et de Failly.

L'Impératrice à l'Empereur (D. T.).

Paris, 13 août, 7 h. 45 soir.

Ne savez-vous rien d'un mouvement au Nord de Thionville sur le chemin de fer de Sierck, sur la frontière du Luxembourg ? On dit que le prince Frédéric-Charles pourrait bien se diriger par là sur Verdun, et il peut se faire qu'il ait opéré sa jonction avec le général Steinmetz, et qu'alors il marche sur Verdun pour y joindre le Prince royal, et passer l'un par le Nord, l'autre par le Sud.

La personne qui nous donne ce renseignement croit que le mouvement sur Nancy et le bruit qu'on en fait pourraient n'avoir pour but

que d'attirer notre attention vers le Sud, afin de faciliter la marche
que le prince Frédéric-Charles fera dans le Nord.

Il pourrait tenter cela avec les huit corps dont il dispose.

Le prince opère-t-il ainsi ou essaye-t-il de rejoindre le Prince royal
en avant de Metz pour franchir ensemble la Moselle?

Paris est plus calme et attend avec moins d'impatience.

Ordre de mouvement.

Au quartier général du 1er corps, à Vicherey.

Les troupes du 1er corps se porteront, demain 14, à Neufchâteau où
elles seront installées par un officier de l'état-major général.

La 3e division partira à 4 h. 30; les autres divisions du 1er corps, la
division Conseil-Dumesnil et la brigade de cavalerie de Septeuil se
mettront en route à 5 heures.

Toutes les troupes prendront la grande route de communication
suivie aujourd'hui, et qui mène de Vézelise à Neufchâteau.

Le général Forgeot, commandant l'artillerie et la cavalerie du 1er corps. (Ordre pour le 10e dragons.)

Neufchâteau, 13 août.

Le 10e régiment de dragons qui est cantonné dans Neufchâteau, éva-
cuera cette ville, demain 14 août, à 5 heures du matin, et ira camper
auprès des autres troupes de la division de M. le général Duhesme.

Le maréchal Bazaine au maréchal de Mac-Mahon, à Gondrecourt et à Ligny, et au général de Failly, à Mirecourt (D. T.).

Metz, 13 août, 8 h. 25 soir. Expédiée le 14 à 6 h. matin (n° 30795).

L'Empereur me charge de vous informer qu'il m'a confié le commandement en chef de l'armée du Rhin.

Le maréchal de Mac-Mahon au Ministre de la guerre (D. T.).

Neufchâteau, 13 août, 7 h. soir. Expédiée à 10 h. soir (n° 30790).

Demain matin toutes les troupes sous mes ordres seront réunies à
Neufchâteau.

L'Empereur m'ayant prescrit de prendre désormais les ordres du

Ministre de la guerre, je vous prie de me faire connaître la direction que je dois suivre. Je pense que, vu la fatigue des troupes, il y aurait urgence à porter par les voies ferrées, sur le point par vous indiqué, l'infanterie, son artillerie, ses bagages et l'artillerie de réserve ; la cavalerie, les voitures d'artillerie non indispensables pourraient être dirigées par étapes sur le point indiqué.

J'attends votre décision, car, si je ne dois pas prendre les voies ferrées, je devrai choisir la direction qui, par les voies ordinaires, me fera arriver le plus tôt possible pour être à même de marcher à l'ennemi.

Le 1er corps qui compte en ce moment 22,000 hommes et 4,000 chevaux, et qui trouvera à Châlons 5,000 ou 6,000 hommes d'infanterie, a besoin :

1° De 3,000 havresacs ;
2° De 30,000 tentes-abri ;
3° De 60,000 paires de souliers ;
4° De 30,000 paires guêtres de toile ;
5° De 1000 marmites ;
6° De 8,000 pantalons garance à donner aux militaires et aux tirailleurs algériens, qui n'ont plus que des pantalons de toile ;
7° De 30,000 chemises.

Sont également à remplacer beaucoup des caissons d'ambulance et d'équipages réglementaires pour les officiers généraux, les officiers et la troupe.

Je désirerais que vous puissiez me faire connaître la décision à Neufchâteau ce soir ou demain matin, afin que je puisse régler mes mouvements. Si je dois reprendre l'offensive, Blesme pourrait être mon point de réorganisation. Si je dois être sur la défensive, c'est à vous qu'il appartiendra de m'indiquer le point de concentration, qui est aujourd'hui Châlons.

En marge au crayon : « Répondu le 14 au matin. »

Le Ministre de la guerre au maréchal de Mac-Mahon, à Neufchâteau (D. T.).

Paris, 13 août.

Si vous pouvez effectuer votre mouvement sur Châlons par le chemin de fer sans compromettre la sécurité de votre corps d'armée, faites-le ; entendez-vous avec la compagnie de l'Est à Neufchâteau.

Journée du 13 août.

5e CORPS.

a) Journaux de marche.

Journal rédigé par le colonel Clémeur, sous-chef d'état-major du corps d'armée (1).

L'ordre de marche pour la journée du 13, porte que le 5e corps ira coucher, le 13 au soir, dans les localités suivantes :

Quartier général (12 kilomètres) à la Neuveville, à 1 kilomètre sur la droite de la grande route de Mirecourt à Lamarche.

1re division (Goze), 12 kilomètres, à la Neuveville et Houécourt.

2e division (de L'Abadie) et artillerie de réserve (11 kilomètres) à Sandocourt.

3e division (Lespart) Rozerotte (10 kilomètres) et Remoncourt (11 kilomètres) sur la grande route.

Division de cavalerie : 5e lanciers à Mirecourt (2) ; 12e chasseurs à Vézelise (3) ; 5e hussards réparti entre les divisions.

La pluie a cessé. Les divisions d'infanterie campées autour de Mirecourt ont pu se reposer pendant dix-huit heures dans leurs bivouacs ; le corps d'armée ne part qu'à 6 heures du matin pour suivre l'itinéraire ci-dessus, chaque division ne se mettant en marche qu'une demi-heure l'une après l'autre.

Le moral des troupes reposées est meilleur ; l'ordre règne davantage pendant la marche.

L'ennemi est à grande distance et, marchant sur Nancy n'inquiète nullement le corps d'armée.

Tous les vivres continuent à être requis, le long de la route, par l'administration.

(1) Ce journal a été rédigé après la guerre, en 1872. Il porte la signature et l'approbation du général de Failly.

(2) Plus exactement, Charmes.

(3) En réalité, Mirecourt.

LA GUERRE DE 1870-1871.

Journal rédigé par le capitaine de Piépape (1).

Le corps d'armée se met en marche sur Vittel et Bulgnéville. Une
partie des troupes s'échelonne jusqu'à Lignéville dans les Vosges. Le
but de cette marche est de gagner Chaumont. Tous les vivres continuent à être requis le long de la route. Le moral des troupes reposées
par le séjour à Mirecourt se rétablit. L'ordre règne davantage pendant
la marche. L'ennemi est à grande distance et, marchant sur Nancy,
n'inquiète pas le corps d'armée.

1re DIVISION.

Départ à 5 heures (d'Ambacourt). On passe par Poussey, Mirecourt,
Ramecourt, Baudricourt, Dombasle, Gironcourt et Houécourt où campe
la 1re brigade ; la 2e pousse jusqu'à la Neuveville.

2o DIVISION.

Au lieu de marcher sur Vézelise et Toul, la division reçut un contre-
ordre, lui prescrivant de se diriger sur Châtenois. Alors elle traversa
Mirecourt et remonta la petite vallée qui se jette dans le Madon près
de la ville même. Le départ eut lieu à 5 h. 30 du matin; on passa par
Domvallier, Rouvres, Dombasle-en-Xaintois. Là on se trouvait sur la
ligne de partage des eaux de la Moselle et de la Meuse. On entra dans
la vallée de cette dernière en suivant celle de la Vraine affluent du Vair.

Après avoir dépassé Ménil-en-Xaintois et Gironcourt, la colonne franchit la Vraine et marcha sur les collines qui séparent celle-ci du Vair.
Elle atteignit ensuite Houécourt, passa sur la rive gauche du Vair pour
arriver à la Neuveville. Elle avait reçu un nouveau contre-ordre, et
quittant par suite la direction de Châtenois, elle tourna au Sud, se
portant à Sandocourt où elle arriva à 3 h. 30 de l'après-midi.

On s'était arrêté au Ménil-en-Xaintois pour la grand'halte; une réquisition de bois avait été faite pour éviter les dégâts dans les villages.

Le bivouac fut établi à la sortie de Sandocourt à droite de la route
conduisant à Auzainvilliers, sur les hauteurs entre la vallée du Vair et
celle du Mouzon (cours d'eau qui tombe dans la Meuse à Neufchâteau
même). Des distributions eurent lieu sur réquisition du sous-intendant
militaire. Le temps avait été beau.

En route, un habitant avait fait connaître au général de division que
les villages que nous allions traverser n'avaient pas beaucoup d'eau,

(1) Ce journal a été rédigé pendant la campagne même.

néanmoins on n'en manque sur aucun point de l'itinéraire suivi jusqu'à Chaumont, mais sur cette direction on s'échelonna par brigade.

La brigade Nicolas de la division Goze vint passer la nuit à Remoncourt par Bazoilles et Rozerotte ; elle se trouva sur la route de Mirecourt à Lamarche.

La brigade Saurin, de la même division, suivit la même direction que la division de L'Abadie et s'arrêta à Houécourt.

La division Guyot de Lespart alla à Vittel, où s'établit aussi le grand quartier général du corps d'armée.

La réserve d'artillerie marcha avec la division de L'Abadie et campa avec elle.

Le parc du génie resta à Mirecourt. On reconnut qu'il était inutile de faire sauter le pont de cette ville parce qu'en amont et en aval il existait des gués très praticables.

Le général de Bernis était parti, le 13 à 5 heures du matin pour Bayon ; on avait transporté la section du génie sur des voitures de réquisition. Le pont de cette ville était déjà brûlé quand il y arriva. Cet officier général se porta sur Vézelise, conformément aux ordres qui lui avaient été donnés, en vue d'une marche sur Toul. Il avait détruit un pont derrière lui. Mais la ligne de retraite du corps d'armée ayant été modifiée et choisie sur Chaumont, il fut rappelé et dirigé sur Mirecourt où il arriva dans la soirée.

Quant au général de La Mortière (1), il resta à Charmes avec le général Brahaut (2), conformément aux ordres du général en chef, afin de protéger les travaux exécutés pour détruire les ponts.

Le pont du chemin de fer sauta à 6 heures du soir. On continua avec activité le creusement des puits pour la destruction de celui de la Moselle.

Le 1ᵉʳ corps, continuant sa marche, était arrivé à Pleuvezain, sa cavalerie avait atteint Neufchâteau.

DIVISION DE CAVALERIE.

Le général de Bernis (3), le 12ᵉ chasseurs, la section d'artillerie et la section du génie (dont les sapeurs furent transportés dans des voitures de réquisition), partent à 5 heures du matin pour Bayon dont ils trou-

---

(1) Commandant la 2ᵉ brigade de la division de cavalerie du 5ᵉ corps.

(2) Commandant la division de cavalerie du 5ᵉ corps.

(3) Commandant la 1ʳᵉ brigade de la division de cavalerie du 5ᵉ corps.

vèrent le pont déjà brûlé par d'autres troupes qui les y avaient précédés.
Le général de Bernis se dirigea alors sur Vézelise, conformément aux
ordres qui lui avaient été donnés, et brûla un pont derrière lui. Mais
dans la matinée, le général de division reçut du général de Failly l'avis
que la ligne de retraite du 5e corps était changée et qu'il fallait se
diriger par Mirecourt sur Chaumont. Aussitôt le général de division
envoya un de ses officiers, le capitaine d'Heilly, pour indiquer au
général de Bernis cette nouvelle ligne de retraite. Il informa en même
temps le général en chef que les travaux du pont n'avançaient que très
lentement, malgré le zèle des sapeurs; qu'il serait impossible de le
détruire à 2 heures, et que, d'après les appréciations du chef de
bataillon du génie, il fallait encore plus de douze heures pour que les
puits de mine fussent creusés assez profondément pour produire l'effet
qu'on en attendait.

Le général de Failly répondit de se hâter le plus possible et de rester
jusqu'à l'achèvement des travaux. Le général de division, le général de
La Mortière et le 5e lanciers séjournèrent en conséquence à Charmes.
On fit sauter le pont du chemin de fer à 6 heures du soir, et les travaux
du pont de la Moselle continuèrent avec activité.

Le général de Bernis, rejoint par l'officier qui lui avait été envoyé,
avait dirigé sa colonne sur Mirecourt où elle était arrivée dans la soirée.

DIVISION DE CAVALERIE (1re brigade).

En vertu de l'ordre précédent (1), le général de Bernis avec le 12e chasseurs, une section d'artillerie et un détachement du génie, partit à
3 h. 30 du matin, se porta sur Bayon ; en route il fit brûler le pont de
Bainville à 4 kilomètres de Charmes ; il trouva le pont de Bayon déjà
détruit par l'arrière-garde du corps du maréchal de Mac-Mahon.

A Bayon, le général reçoit une dépêche de M. le général Brahaut
ainsi conçue :

Charmes, 13 août.

« Ne prenez plus la direction de Vézelise, mais au contraire celle de
Mirecourt où je reçois l'ordre de réunir ce soir la cavalerie. »

Le général de Bernis arrive le 13, à 6 heures du soir, à Mirecourt et
y trouve une dépêche du général Brahaut ainsi conçue :

« Attendez-moi à Mirecourt où j'arriverai demain 14 dans la matinée.
Dans le cas où il y aurait des dépêches à mon adresse, réservez-les

_____

(1) Voir journée du 12 août.

pour mon arrivée. Il est probable que vous ne pourrez pas rester la journée à Mirecourt.

« Dégagez les bagages de l'infanterie de ceux de la cavalerie et gardez-les. »

Journée du 13 août.

7e CORPS.

a) Journaux de marche.

Notes sur les opérations de la 1re division d'infanterie du 7e corps d'armée, par le capitaine d'état-major Mulotte (1).

Le 13, un premier ordre de l'état-major général enjoint à la division de se porter sur Flavigny; mais dès 3 heures du matin, avant qu'elle ait pu se mettre en marche, cet ordre est changé. Le maréchal de Mac-Mahon, craignant que l'ennemi soit déjà en forces de ce côté, dirige la division sur Haroué par Vézelise. L'état-major du Maréchal est le 13 à Haroué, tandis que la 2e brigade de la 1re division, avec l'état-major, est cantonnée à Tramont-Lassus et la 1re brigade à Tramont-Emy.

ARTILLERIE.

Avant le départ, le général commandant l'artillerie avait, d'après les ordres du commandant en chef, expédié par télégramme l'ordre de diriger le parc du corps d'armée sur Épinal. Il était naturel de songer à rejoindre, par derrière les Vosges, le corps en retraite du maréchal Mac-Mahon. Il n'en fut rien et l'on ne reçut aucun renseignement, et pas même des nouvelles du sort de notre 1re division; nous attendions vainement des ordres de marche. Aux demandes relatives à la direction à donner au parc, le commandant en chef de l'artillerie invitait le général tantôt à l'envoyer à Vesoul, tantôt à Langres et même à Besançon; la détermination fut prise de le diriger sur Langres et d'y

---

(1) Manuscrit daté de Montpellier, 15 mai 1872.

atteudre, en le laissant sur *trucs*, des dispositions ultérieures ; les nécessités des mouvements n'ont pas permis l'exécution de cette prescription, nous sommes restés ainsi du 8 au 17 août.

Journal de marche de la réserve de cavalerie (2e division).

Départ de Colombey à 6 heures du matin ; arrivée à Neufchâteau à midi.

Journée du 14 août.

1er CORPS.

a) **Journaux de marche.**

Journal de marche du 1er corps.

La 3e division se met en marche à la pointe du jour, et est suivie successivement par toutes les autres dans l'ordre de leur bivouac de la veille.

La colonne suit la route qui passe à Rainville, Removille et l'Étanche, sa tête arrive à Neufchâteau vers 10 heures.

Toutes les divisions sont campées sur les deux rives de la Meuse, au Nord-Ouest de Neufchâteau et à proximité du chemin de fer.

A l'arrivée des divisions d'infanterie, les divisions de cavalerie Bonnemains et Duhesme se mettent en route pour aller coucher à Poissons, près de Joinville-en-Vallage.

L'artillerie de réserve se met en route en même temps et suit la même direction ; elle bivouaque à moitié route, entre Neufchâteau et Joinville, à Allianville.

Distribution de deux jours de vivres.

A 4 h. 50 de l'après-midi, les troupes d'infanterie commencent à s'embarquer sur le chemin de fer pour être transportées au camp de Châlons.

Le mouvement commence par la 2e division et se continue le 14 et les jours suivants par la 3e division, division Conseil-Dumesnil, 4e et 1re divisions.

Quartier général à Neufchâteau.

Notes sur les opérations du 1er corps de l'armée du Rhin et de l'armée de Châlons (dictées par le maréchal de Mac-Mahon à Wiesbaden en janvier 1871).

Le 14, le quartier général et l'infanterie arrivaient à Neufchâteau.

Dans la soirée, les troupes d'infanterie commencèrent à s'embarquer en chemin de fer pour se rendre au camp de Châlons.

Le mouvement continua dans les journées du 15 et du 16.

Souvenirs inédits du maréchal de Mac-Mahon.

Le 14 août, toutes les troupes d'infanterie du 1er corps vinrent s'établir à Neufchâteau, sur les deux rives de la Meuse, à proximité du chemin de fer. J'adressai au maréchal Bazaine la dépêche suivante :

14 août, 8 h. 56.

« Je suis avec toutes mes troupes à Neufchâteau. La cavalerie et l'artillerie de réserve sont en route pour le camp de Châlons, où elles arriveront le 18.

« Toute l'infanterie et l'artillerie divisionnaire seront transportées à Châlons par le chemin de fer de Neufchâteau ou de Joinville. »

N'ayant pas assez de trains pour transporter la cavalerie et l'artillerie, je donnai l'ordre aux deux divisions de cavalerie de réserve d'aller coucher à Poissons, sur la droite de Joinville, et à toute l'artillerie de réserve de prendre la même direction, protégée sur son flanc droit par la brigade de Septeuil.

2e DIVISION.

De Vicherey à Neufchâteau. On arrive à 2 heures. Le corps d'armée est réuni tout entier.

L'ordre est donné que toutes les troupes s'embarqueront en chemin de fer pour le camp de Châlons.

La 2e division commence le mouvement vers 3 h. 30. Elle part en quatre trains, dont le dernier quitte Neufchâteau à 2 heures du matin avec le général commandant la division.

3e DIVISION.

Départ de Pleuvezain à 6 heures du matin. Arrivée à Neufchâteau vers 1 heure du soir. La division reçoit l'ordre de prendre le chemin de fer pour se rendre au camp de Châlons. Arrivée à la gare à 9 heures du soir; elle ne peut partir qu'à 4 heures du matin.

4e DIVISION.

Journal du colonel d'Andigné, chef d'état-major.

Départ de Tramont-Saint-André à 5 heures. Nous arrivons à 2 heures à Neufchâteau par une route très pittoresque. La division bivouaque sous Noncourt, au bord de la Meuse, qui est là un bien petit cours d'eau.

c) **Opérations et mouvements.**

Le Ministre de la guerre au maréchal de Mac-Mahon, à Neufchâteau (D. T).

Paris, 14 août.

Dirigez-vous sur Châlons, vous y trouverez la plus grande partie de ce que vous me demandez. Le corps d'armée de Failly et le corps Douay vous rallieront.

Le maréchal de Mac-Mahon au Ministre de la guerre (D. T.).

Neufchâteau, 14 août, 7 h. 5 matin.

Prière de faire expédier, par la compagnie de l'Est, du matériel de traction sur gare de Neufchâteau.

Le maréchal de Mac-Mahon au maréchal Bazaine, à Metz (D. T.).

Neufchâteau, 14 août, 8 h. matin.

Je suis avec toutes mes troupes à Neufchâteau. La cavalerie et l'artillerie de réserve sont en route pour le camp de Châlons où elles arriveront le 18. Toute l'infanterie et l'artillerie divisionnaire seront transportées à Châlons par la voie de fer, partant de Neufchâteau ou de Joinville.

Au général de Septeuil, commandant la 1re *brigade de la division de cavalerie. (Ordre.)*

Neufchâteau, 14 août.

La brigade de cavalerie légère, les batteries d'artillerie des cinq divisions (15 batteries) et le train des équipages du quartier général partiront demain, 15 août, à 4 h. 30 du matin, pour se rendre en deux marches à Joinville où tout cet ensemble sera embarqué sur les voies ferrées pour le camp de Châlons.

La colonne marchera dans l'ordre suivant : 1 régiment de cavalerie, les 15 batteries d'artillerie, le train des équipages, 1 régiment de cavalerie.

Elle passera par : Liffol-le-Grand, Allianville, Trampot, Morionvilliers, Germay et Brouthières.

Le régiment de cavalerie, tête de colonne, couchera demain, 15 août, à Tonnance-les-Moulins, l'artillerie s'établira en arrière dans les villages de Brouthières, Germay et Germisey. Le deuxième régiment de la brigade de cavalerie s'établira à Germay. Cette colonne qui sera aux ordres de M. le général de Septeuil, devra partir après-demain matin, 16, de très bonne heure, pour Joinville où elle sera embarquée sur le chemin de fer et transportée au camp de Châlons.

Les cinq divisions d'infanterie prendront à Neufchâteau les voies ferrées pour se rendre à Châlons ; elles partiront avec tous leurs éléments moins leurs batteries d'artillerie qui doivent aller prendre le chemin de fer à Joinville.

L'heure du départ des divisions dont le mouvement commencera aujourd'hui, à 4 h. 50, sera ultérieurement indiqué pour chacune d'elles.

Le mouvement commencera par la 2e division et se continuera successivement par la 3e division, la division Conseil-Dumesnil, les 4e et 1re divisions.

Journée du 14 août.

5e CORPS.

a) Journaux de marche.

L'ordre de marche établi la veille, et envoyé aux différents détachements, prescrit les dispositions suivantes :

Le quartier général se rendra de la Neuveville à Lamarche (25 kilomètres).

Les 1re et 2e divisions, passant par Bulgnéville, seront réparties entre Damblain, Blevaincourt et Colombey, au Nord-Ouest (6 kilomètres) de Lamarche.

La 3e division, de Rozerotte et Remoncourt à Lamarche par Vittel et Contrexéville.

La division de cavalerie, de Mirecourt et Vézelise, à Lignéville (22 kilomètres) et (40 kilomètres).

Arrivé à Lamarche vers midi, le général en chef adresse au Ministre de la guerre, à Paris, la dépêche télégraphique suivante :

« Par ordre de l'Empereur, mon corps d'armée marche sur Chaumont, où il arrivera le 16.

« Je désirerais que Votre Excellence fît diriger sur Chaumont, souliers, chemises, tentes-abris : un grand nombre d'hommes de la réserve étant arrivés sans campement. Mon quartier général est aujourd'hui à Lamarche. Demain il sera à Montigny, après-demain à Chaumont. »

Journal de marche rédigé par le capitaine de Piépape.

Le 5ᵉ corps va camper à Lamarche (Vosges) et dans les environs. Le général en chef adresse au Ministre de la guerre, à Paris, la dépêche télégraphique suivante : (*Même télégramme que ci-dessus.*)

1ʳᵉ DIVISION.

Départ à 4 heures ; on passe par Sandocourt, Auzainvilliers, Saulxures, Saint-Ouen, Robécourt, Blevaincourt où campe la 1ʳᵉ brigade ; la 2ᵉ va à Damblain.

2ᵉ DIVISION.

La division se met en marche à 5 heures du matin. La colonne descend par Auzainvilliers, elle passe ensuite à Saulxures, Saint-Ouen-les-Parey ; puis, au sortir de Vrécourt, elle franchit le Mouzon. De là, elle va à Blevaincourt, passe à Damblain et arrive ensuite à Colombey-les-Choiseul. La réserve d'artillerie marche avec elle. Le général de L'Abadie, ayant aussi sous sa direction la division Goze, reçoit l'ordre de rester à Damblain de sa personne ; sa division va de Damblain à Colombey, sous la conduite du général de Maussion ; elle arrive à destination à 3 h. 30.

La brigade Nicolas, de la division Goze, vient de Remoncourt à Damblain et bivouaque à la sortie de ce village au Sud. La brigade Saurin s'établit, pour la nuit, à Blevaincourt. La division Guyot de Lespart est à Lamarche.

Les ordres pour le lendemain n'arrivant pas, le général de L'Abadie, sachant que le corps d'armée devait aller à Chaumont, et y arriver le 16, avait fixé provisoirement son itinéraire à sa division et à celle du général Goze ; il en rendit compte au général en chef ; mais cet itinéraire fut modifié par des instructions qui vinrent, peu de temps après, du quartier général du corps d'armée établi à Vittel ce jour-là.

En lui envoyant les derniers ordres, le général de division donne au général de Maussion des renseignements sur la viabilité de la route à parcourir le 15, et lui indique la direction par Merrey à cause des voitures de l'artillerie et autres qui sont avec lui.....

DIVISION DE CAVALERIE.

Malgré le travail de nuit des sapeurs du génie, les puits de mine du pont n'étaient pas encore assez profonds pour que l'explosion pût renverser complètement une arche, et, d'après une demande adressée par la mairie de Charmes au général en chef, le commandant du génie reçut directement l'ordre du général de Failly d'arrêter les travaux et de rejoindre sa division. Cet ordre fut immédiatement exécuté. A 7 heures du matin, le général de division fit replier les grand'gardes du 5e lanciers et se dirigea, avec ce régiment, sur Mirecourt où il rallia le général de Bernis et le 12e chasseurs. La colonne réunie continua sa marche sur la route de Chaumont, formant l'extrême arrière-garde de l'armée, et les deux régiments bivouaquèrent à Lignéville.

DIVISION DE CAVALERIE (1re brigade).

Le général de division, avec le 5e lanciers, arrive à Mirecourt dans la matinée. A midi, départ pour Vittel. Ordre changé en route pour Lignéville, où l'on arrive vers 5 h. 30. Le 14 au soir, le général de Bernis reçut directement la dépêche suivante, du général de Failly, qui le croyait encore séparé du général Brahaut ; cet ordre ne put recevoir d'exécution.

Le général de Failly au général Bernis à son passage à Damblain.

Lamarche, 14 août, 2 heures après midi.

Le 12e régiment de chasseurs à cheval, avec la section d'artillerie et le détachement du génie, au lieu de coucher le 15 août à Fresnoy, comme il avait été prescrit, s'arrêtera à Damblain pour y coucher.

Le lendemain, 16 août, il se dirigera par Clefmont, Bussières-lès-Clefmont, Cuves et Lanques sur Biesles où il couchera. Il se réunira, dans ce village, au régiment de lanciers pour marcher avec ce corps sur une seule colonne. Le 17 août, les deux régiments se rendront à Chaumont où ils trouveront des ordres.

« *Ordre général*. — L'armée du Rhin passe sous le commandement du maréchal Bazaine. »

ARTILLERIE DE RÉSERVE.

La réserve d'artillerie campe à Colombey (quartier général à Lamarche).

GÉNIE.

Rapport sur le service du génie.

Le 14, le quartier général vient à Lamarche avec la 3e division d'infanterie. La 1re division se rend à Blevaincourt et Damblain et la 2e à Colombey.

c) Opérations et mouvements.

Le général de Failly au maréchal Bazaine, à Metz.

Lamarche, 14 août, 2 h. soir.

Reçu l'avis de votre nomination au commandement de l'armée du Rhin ; mes derniers ordres sont de marcher sur Paris, je suis aujourd'hui à Lamarche, demain je serai à Montigny, le 16 seulement je serai à Chaumont. Troupes fatiguées. Le maréchal Mac-Mahon étant à Neufchâteau et suivant une direction parallèle, je compte, à moins d'ordres contraires, me diriger sur Paris par Bar-sur-Aube et Troyes. Puis-je profiter du chemin de fer ?

Emplacement des mes troupes aujourd'hui : division Lespart à Lamarche ; division Goze, à Damblain avec artillerie de réserve ; division L'Abadie composée d'une seule brigade, à Damblain, l'autre étant avec le général Frossard ; cavalerie, trois régiments à une étape en arrière de l'infanterie, le 4e régiment est avec le général Frossard.

Le général de Failly au Ministre de la guerre (D. T.).

Lamarche, 14 août, 2 h. 55 soir.

Par ordre de l'Empereur mon corps d'armée marche sur Chaumont où il arrivera le 16 août. Je désirerais que Votre Excellence fît diriger sur Chaumont des souliers, des chemises et des tentes-abris, un grand nombre d'hommes de la réserve étant arrivés sans tentes.

Mon quartier général est aujourd'hui à Lamarche, demain il sera à Montigny, après-demain à Chaumont.

Au bas de la page : Toutes les ressources en effets sont dirigées sur le camp de Châlons ; on ne pourrait faire arriver à temps utile les effets sur Chaumont.

Le général de Failly au général L'Abadie, à Damblain.

Lamarche, 14 août, 1 heure après midi.

Demain 15 août, la brigade campée à Colombey couchera à Pérusses avec l'artillerie de réserve, la brigade campée à Damblain couchera à Clefmont, la brigade campée à Blevaincourt couchera à Daillecourt.

Ordre de mouvement pour le 16 août. — La brigade Maussion, avec l'artillerie de réserve et la division Goze, se dirigeront sur Chaumont par Bussières-lès-Clefmont, Cuves, Lanques et Biesles. A leur arrivée à Chaumont, elles trouveront des ordres pour l'établissement de leur bivouac.

Le général L'Abadie donnera des ordres de détail.

Ordre général. — L'armée du Rhin passe sous le commandement du maréchal Bazaine.

Par suite de ce changement il est possible que le 5ᵉ corps reçoive une nouvelle direction. Dans ce cas il serait donné de nouveaux ordres.

Demain 15, le quartier général sera à Montigny.

Après-demain 16 il sera à Chaumont.

Le général Nicolas au général de Maussion.

Veuillez me faire savoir, d'après votre heure de départ, celle que je devrai prescrire à ma brigade pour quitter demain matin Clefmont, afin de pouvoir vous suivre sans interruption dans la direction de Chaumont.

Je suis avisé que c'est à Biesles, où les trois brigades seront réunies, que se fera la grand'halte.

Ayez aussi la bonté de me donner votre mot d'ordre, car on a oublié de m'en adresser depuis deux jours.

Veuillez me dire aussi comment se trouve le général L'Abadie de la chute de ce matin.

Journal de marche de la réserve de cavalerie (2ᵉ division).

Départ de Neufchâteau à 10 heures du matin. La colonne traverse Bazoille, Liffol-le-Grand et prend la route de Joinville. A 7 h. 30 du soir, elle s'établit au bivouac à 6 kilomètres de cette ville, près du village de Poissons.

La division de cavalerie Duhesme y arrive le même jour.

Journée du 15 août.

1er CORPS.

a) Journaux de marche.

Journal de marche du 1er corps.

Le mouvement de l'infanterie par le chemin de fer continue. La brigade de cavalerie Septeuil, les batteries d'artillerie des cinq divisions, et le train des équipages du quartier général partent à 4 h. 30 du matin pour se rendre en deux marches à Joinville.

La colonne se met en mouvement dans l'ordre ci-après :

Un régiment de cavalerie ;
Quinze batteries d'artillerie ;
Le train des équipages ;
Un régiment de cavalerie.

Elle passe par Liffol-le-Grand, Aillianville, Trampot, Morionvilliers, Germay, le 2e régiment de cavalerie à Germay.

L'artillerie de réserve arrive le 15 à Joinville où elle bivouaque. Les divisions de cavalerie Bonnemains et Duhesme se portent ce jour-là de Poissons à Saint-Dizier pour protéger la marche de l'artillerie de réserve qui doit suivre la rive gauche de la Marne.

Le Maréchal part le 15 au soir par le chemin de fer. Les premières troupes de la 2e division arrivent dans la matinée du 15 au camp de Châlons.

Souvenirs inédits du maréchal de Mac-Mahon.

Le 15, la cavalerie se porta sur Saint-Dizier pour couvrir la marche de l'artillerie qui suivait la rive gauche de la Marne. L'embarquement de l'infanterie commença le 14 au soir, continua le 15, et toutes les troupes arrivèrent à Châlons le 19. Le 15 au soir, je quittai Neufchâteau, mais, en route pour Châlons, je reçus une dépêche m'annonçant que la voie était coupée près de Vitry. Je rétrogradai jusqu'à Chaumont où j'appris qu'elle avait été rétablie.

Le 16, je me remis en route et arrivais le 17, à 4 heures du soir, au camp de Châlons.

2ᵉ DIVISION.

Arrivée à 4 h. 30 du soir à la gare du Petit-Mourmelon, la 2ᵉ division est dirigée sur Bouy, où elle campe, prenant son rang de bataille dans le corps d'armée qui est établi la droite à Bouy, ayant comme front de bandière la route Châlons-Reims.

3ᵉ DIVISION.

Départ de Neufchâteau à 4 heures du matin. Arrivée au camp de Châlons et de là à Louvercy à 9 heures du soir.

4ᵉ DIVISION.

Journal privé du colonel d'Andigné, chef d'état-major.

Séjour à Neufchâteau. On organise des trains et l'on embarque successivement les troupes d'infanterie pour les embarquer au camp de Châlons. La cavalerie et l'artillerie s'y rendront par étapes. La 4ᵉ division quitte le parc de Neufchâteau à 8 heures du soir.

Renseignements extraits du carnet du lieutenant Lefort sur certains événements de la guerre de 1870 (1ᵉʳ corps d'armée).

Indications sur les embarquements en chemin de fer à Neufchâteau et Bologne.

La demi-compagnie de sapeurs de chemins de fer (1/5 du 1ᵉʳ régiment du génie), coopéra aux embarquements du 1ᵉʳ corps en chemin de fer dans les gares de Neufchâteau et Bologne.

Les trains reçurent des troupes d'infanterie, des chevaux, des voitures de bagages, etc.

Les opérations eurent lieu de jour et de nuit et furent assez longues à cause du faible développement des quais.

Il n'en existait alors que deux : l'un à la halle aux marchandises, où l'on pouvait simultanément embarquer de 56 à 64 chevaux ; l'autre découvert, devant lequel deux trucs seulement pouvaient être placés.

En outre, la gare de Neufchâteau étant le terminus de l'embranchement ayant son origine à Bologne, ne comportait qu'un nombre restreint de voies établies en éventail. Les manœuvres ne pouvaient y être rapides.

Cependant, on put terminer les embarquements sans être inquiété par l'ennemi.

Pour dégager Neufchâteau, 320 chevaux (en général des chevaux d'officiers) furent dirigés sur Bologne où ils furent embarqués en temps opportun, malgré l'exiguïté des quais.

D'après une note inscrite dans le carnet du général soussigné, les troupes seraient parties dans l'ordre suivant : 2e division, 3e division, division Conseil-Dumesnil, 4e division, 1re division.

La demi-compagnie de sapeurs de chemins de fer, embarquée le 15 août, laissa en arrière le lieutenant Lefort, avec un petit détachement, pour continuer les opérations, tant à Neufchâteau qu'à Bologne. Cet officier et ses hommes furent emmenés avec les derniers trains.

A Bologne, arrivèrent les premiers trains transportant le 5e corps et et venant de Chaumont. Ils furent arrêtés jusqu'à l'achèvement des embarquements du 1er corps, puis rétrogradèrent pour passer par Paris, les renseignements fournis par la cavalerie ayant fait supposer que l'ennemi allait arriver à Blesme.

Malgré cet avis, le dernier train du 1er corps suivit l'itinéraire normal vers le camp de Châlons. Des dispositions furent prises pour pouvoir faire réparer, par le détachement du génie, la voie si elle était coupée par l'ennemi. On chargea notamment sur un truc, des rails, des traverses, etc.

La marche du train ne fut pas inquiétée.

On signala l'état dans lequel se trouvaient alors les populations, en particulier celle de Saint-Dizier, qui se disposait à détruire le pont sur la Marne.

b) **Organisation et administration.**

Le Ministre de la guerre au général Forgeot.

Au camp de Châlons, 15 août.

Général, j'ai l'honneur de vous informer que la place du camp de Châlons recevra de la Direction de Douai le matériel dont le détail suit, savoir :

Canons sur affût de 12 rayé de campagne...........	8
Affûts de rechange de 12 rayé de campagne.........	2
Caissons avec coffres, modèle 1860, de 12 de campagne....................................	17
Canons sur affûts de 4 rayé de campagne...........	25
Affûts de rechange de 4 rayé de campagne..	10
Caissons avec coffres, modèle 1858, de 4 de campagne.	25

Chariots de batterie modèle 1833, vides	2
— — 1838, vides	16
— — 1827, vides	19

Elle recevra en outre de la Direction de Bourges une batterie complète de 4 rayé de campagne. Vous affecterez le matériel de cette batterie de 4 rayé de campagne à une batterie qui servait des canons à balles, que vous désignerez. Le matériel de canons à balles devenu ainsi disponible sera réparti entre les autres batteries de canons à balles et servira à les reconstituer. Vous ferez répartir le matériel de 12 et de 4 provenant de la Direction de Douai entre les batteries. En cas d'excédent, vous verserez les objets dont vous n'aurez pas besoin à la place du camp de Châlons. En cas de déficit, vous me ferez la demande des objets de matériel qui vous sont encore nécessaires.

M. le Commandant de l'artillerie du camp est invité à prendre vos ordres et à délivrer le matériel, dès qu'il arrivera au camp de Châlons, aux batteries que vous aurez désignées.

Tous les coffres seront chargés en guerre. Les affûts et voitures seront avec roues et avant-trains et accompagnés des armements, assortiments, etc. réglementaires.

c) Opérations et mouvements.

Le maréchal de Mac-Mahon au Ministre de la guerre (D. T.).

Neufchâteau, 15 août, 2 h. 44 soir. Expédiée à 3 h. 55 soir (n° 31549).

Cette nuit, toutes les troupes d'infanterie seront en chemin de fer pour Châlons. Je partirai à 4 heures pour Joinville pour surveiller l'embarquement d'une partie de l'artillerie du corps. Le général de Failly me mande qu'il aura ce soir son quartier général à Montigny et demain à Chaumont, d'où il aurait l'intention de le diriger directement sur Paris, à moins d'ordre contraire; il n'est pas sous mes ordres; mais il me semble nécessaire que vous lui prescriviez de prendre les voies ferrées pour la destination que vous lui indiquerez.

Le maréchal de Mac-Mahon au général Ducrot, à Neufchâteau (D. T.).

Joinville, 15 août, 3 h. soir.

L'ennemi occupant Bar-le-Duc, vu des éclaireurs sur Blesme (*sic*). Je rabats sur Bar-sur-Aube toutes les troupes dont je puis encore disposer.

J'arrête trains qui n'ont pas dépassé Joinville.

Ils se porteront, comme ceux qui doivent vous prendre, sur Bar-sur-Aube.

Le maréchal de Mac-Mahon au Maire de Saint-Dizier.

Prière de transmettre la dépêche suivante au général Duhesme, qui doit coucher ce soir à Saint-Dizier ou dans les environs :

« Vous êtes chargé avec votre cavalerie de protéger la marche de l'artillerie de réserve du corps qui couchera ce soir entre Joinville et Vassy ; vous devez donc attendre pour vous remettre en route que la tête de colonne de l'artillerie soit arrivée à votre hauteur à Humbécourt, où elle ne sera probablement que demain soir.

« Après demain, 17, lorsque l'artillerie se mettra en mouvement pour se porter à Vitry, en passant par Blaise, vous marcherez à sa hauteur sur la route directe de Vitry, de façon que votre dernier régiment marche à hauteur de la gauche de l'artillerie.

« De Vitry, l'artillerie gagnera Châlons par la route de la rive gauche de la Marne et la cavalerie, marchant toujours à sa hauteur, suivra la route de la rive droite.

« Mettez-vous en communication avec le général Forgeot, qui commande l'artillerie, et concertez ensemble le mouvement des deux colonnes. De Châlons vous irez directement à Mourmelon sans vous occuper davantage de l'artillerie. Accusez-moi réception de cette dépêche à Joinville, où je serai ce soir. »

Ordres du 15 août du Général commandant l'artillerie du 1er corps.

A dater de demain, le 6e régiment de lanciers cessera de servir d'escorte à la réserve d'artillerie. Il quittera son camp le 16 à 6 heures du matin, et devra arriver au camp de Châlons en trois jours en passant par Saint-Dizier, Vitry-le-François, Châlons, le camp de Châlons.

Le colonel déterminera les gîtes d'étape et prendra toutes les mesures nécessaires pour assurer la subsistance de sa troupe.

A dater de demain, le 6e régiment de lanciers cessera de marcher avec la réserve d'artillerie ; à dater de demain, le parc sera réuni à la réserve d'artillerie. M. le lieutenant-colonel Grouvel prendra le commandement des dix batteries d'artillerie et du parc.

Les troupes placées sous les ordres de cet officier supérieur devront arriver au camp de Châlons en trois jours en passant par Vassy, Éclaron, près ou par Vitry, Châlons, le camp de Châlons.

Les gîtes seront fixés par M. le lieutenant-colonel Grouvel et les subsistances assurées par M. le capitaine Loos, faisant fonctions de sous-intendant militaire.

Demain 16, les batteries cantonnées à Chatonrupt-Curel suivront la route de Joinville à Saint-Dizier jusqu'à Rachecourt et prendront la route de Vassy, sur laquelle se seront déjà engagées les batteries cantonnées à Rachecourt et Chevillon.

Les dix batteries marcheront jusqu'à Vassy, le dépasseront et prendront la route d'Éclaron ; aussitôt Vassy dépassé, la colonne s'arrêtera et attendra que le parc l'ait rejointe. La colonne, une fois formée, continuera sa route jusqu'au gîte qui aura été fixé par le lieutenant-colonel Grouvel.

Chaque jour, cet officier supérieur fera connaître à M. le Maréchal, au camp de Châlons, le point où il se sera arrêté et celui où il compte s'arrêter le lendemain.

M. le lieutenant-colonel Grouvel devra donner des ordres à M. le lieutenant-colonel de Brives pour le départ de demain.

A dater de demain, M. le commandant Bial se trouvera placé sous les ordres de M. le lieutenant-colonel Grouvel, commandant les batteries de la réserve d'artillerie.

Demain, à 5 heures du matin, le parc se mettra en route et se dirigera sur Vassy, où il prendra la gauche des dix batteries de la réserve ; il devra envoyer en avant un officier pour le renseigner sur la position de la réserve, qui l'attendra après avoir dépassé Vassy ; il prendra alors les ordres de M. le lieutenant-colonel Grouvel, chargé de lui donner toutes les instructions nécessaires.

Le Général commandant le camp au maréchal de Mac-Mahon. (Faire suivre.) (D. T.)

Camp de Châlons, 15 août, 7 h. 5 soir. Expédiée à 10 h. 49 soir (n° 31676).

Bar-le-Duc est probablement occupé par l'ennemi. On a des inquiétudes sur l'embranchement de Blesme. Faites-moi connaître si vous défendez cet embranchement pour assurer le passage de vos divisions. J'ignore où vous êtes et je crains que la brigade d'infanterie que je vais tâcher d'envoyer avec une batterie d'artillerie n'arrive pas à temps à Blesme.

Journée du 15 août.

5e CORPS.

a) Journaux de marche.

Journal de marche du 5e corps, rédigé par le colonel Clémeur.

Le 15 août, le 5e corps quitte Lamarche et les environs, pour se porter sur Montigny-le-Roi, à 17 kilomètres au Nord-Est de Langres et 25 kilomètres de Lamarche.

Il part à 5 heures du matin, et doit aller occuper les campements suivants :

Quartier général Montigny-le-Roi, 25 kilomètres.

1re division : 1re brigade à Daillecourt, 2e brigade à Clefmont, à 9 et 10 kilomètres Nord de Montigny.

2e division : 1re brigade à Pérusses.

3e division : Montigny-le-Roi.

Artillerie de réserve : Pérusses.

Division de cavalerie : Fresnoy, moitié chemin de Lamarche.

De Montigny, où il arriva vers midi avec la 3e division, le général en chef adresse le télégramme suivant au maréchal de Mac-Mahon au camp de Châlons :

« Bar-le-Duc est probablement inquiété par l'ennemi. On a des inquiétudes sur l'embranchement de Blesme.

« Faites-moi connaître si vous défendez cet embranchement pour assurer le passage de vos divisions.

« J'ignore où vous êtes. Je crains que la brigade d'infanterie que je vais tâcher d'envoyer avec une batterie d'artillerie, n'arrive pas à temps à Blesme. »

Journal de marche du 5e corps, rédigé par le capitaine de Piépape.

Le corps d'armée se porte de Lamarche sur Montigny. A cette date, qui correspond aux deux batailles de Borny et de Gravelotte de l'armée de Metz, livrées le 14 et le 16, la situation des troupes du 5e corps est la suivante :

Division Goze : une brigade à Daillecourt, une brigade à Clefmont.

Division L'Abadie : une brigade à Pérusses, l'autre brigade est restée à Sarreguemines avec le 2ᵉ corps, elle se trouve actuellement faire partie de l'armée de Metz.

Division Lespart : à Montigny-le-Roi.

L'artillerie de réserve est à Pérusses.

La cavalerie est à Fresnoy.

Le grand quartier général est à Montigny-le-Roi.

Le général en chef adresse le télégramme suivant au maréchal de Mac-Mahon, à son quartier général au camp de Châlons. (*Voir le télégramme précédent.*)

1ʳᵉ DIVISION.

Départ à 5 heures. On passe par Breuvennes, Choiseul, Bassoncourt. La 1ʳᵉ brigade campe à Daillecourt, la 2ᵉ à Clefmont.

1ʳᵉ DIVISION (2ᵉ brigade).

Rapport du général Baron Nicolas.

La brigade passe à Fraucourt, Breuvennes, Choiseul, Bassoncourt où, quittant la route, elle se porte directement à travers la vallée de la Meuse sur Clefmont, prend position à l'Est et au pied du château.

La brigade Saurin est arrêtée à Daillecourt, et celle de Maussion à Buxières-le-Clefmont et à Pérusses. Ces trois brigades se trouvent ainsi utilement échelonnées face à l'Est, sur cette très remarquable position, véritable clef centrale des monts, dont Neufchâteau au Nord et Langres au Sud sont également deux autres clefs.

2ᵉ DIVISION.

La division part de Colombey à 5 heures du matin ainsi que la réserve d'artillerie. Sous la conduite du général de Maussion elles vont bivouaquer à Pérusses en passant par Merrey, Choiseul, Bassoncourt, Daillecourt, Clefmont. Le 5ᵉ hussards, sous les ordres du colonel Flogny, est déjà établi près de ce village. La colonne arrive à son campement vers 10 heures du matin. Dans le parcours entre Bassoncourt et Daillecourt on avait traversé la Meuse, qui prend sa source à deux ou trois lieues au Sud du point de passage, et qui là n'est qu'un ruisseau sans importance.

La brigade Nicolas vient à Clefmont, la brigade Saurin campe à Daillecourt.

A Pérusses on est à la tête du Rognon, affluent de la Marne, on a quitté le bassin de la Meuse entre ce village et Clefmont.

Le temps est beau.

Des distributions sont faites sur réquisition par les soins du sous-intendant militaire.

L'ordre de marche pour le 16 donnant un itinéraire comprenant une route presque abandonnée par les voitures depuis quelques années, le général de L'Abadie propose une modification qui est adoptée par le général en chef.

La division Guyot de Lespart bivouaque près de Montigny-le-Roi, sur la grande route de Bourbonne-les-Bains à Chaumont.

La cavalerie du 5ᵉ corps, continuant de former l'arrière-garde, vient coucher à Fresnoy.

La cavalerie du 1ᵉʳ corps est à Saint-Dizier.

DIVISION DE CAVALERIE.

La colonne continue à marcher isolément, à l'arrière-garde, et se rend par Lamarche à Fresnoy, où elle est établie au bivouac.

DIVISION DE CAVALERIE (1ʳᵉ brigade).

Départ à 5 heures du matin de Lignéville pour Montigny. La division s'arrête et couche à Fresnoy. Nous avons la nouvelle de la première bataille devant Metz.

En route le général de Bernis, que le général de Failly croyait toujours opérer isolément depuis le 12 août à Charmes, reçoit la dépêche suivante :

Le général de Failly au général de Bernis, à Damblain.

Montigny, 15 août, midi.

« Le 16, au lieu de coucher à Biesles comme il avait été dit, le 12ᵉ chasseurs à cheval, avec la section d'artillerie, ira coucher à Buxières-les-Clefmont (16 kilomètres). Cette courte étape tiendra lieu au besoin de séjour et permettra de faire reposer les chevaux.

« Le 17, coucher à Chaumont (28 kilomètres) en passant par Cuves, Lanques, Biesles.

« A l'occasion du 15 août, il sera distribué une ration de vin aux troupes.

« Le quartier général du corps d'armée sera à Chaumont le 16. »

RÉSERVE D'ARTILLERIE.

La réserve d'artillerie passe la Meuse à Clefmont et campe à Pérusses.

c) Opérations et mouvements.

Le Ministre de la guerre au général de Failly, à Montigny-le-Roi, par Neuilly-l'Évêque (Haute-Marne) (D. T.).

Paris, 15 août. Envoyée chiffrée à 9 h. soir.

Vous trouverez à Chaumont des voitures pour transporter votre corps d'armée à Vitry-le-François, où vous établirez votre quartier général, et où vous vous placerez sous les ordres du maréchal de Mac-Mahon établi à Châlons.

Commencez le mouvement sans retard et si votre parc d'artillerie est encore à Langres, comprenez-le dans votre mouvement. Occupez la gare de Blesme et faites reconnaître les environs par de la cavalerie pendant le mouvement de votre corps d'armée.

Le Ministre de la guerre au général de Failly, à Chaumont (D. T.).

Paris, 15 août.

Tenez-moi exactement au courant des mouvements que vous pourrez faire en exécution des ordres du commandant en chef de l'armée du Rhin ; au besoin chiffrez vos dépêches.

Même dépêche au général Douay à Belfort.

Journée du 15 août.

7ᵉ CORPS.

a) Journaux de marche.

Notes sur les opérations de la 1ʳᵉ division du 7ᵉ corps.

La brigade Chagrin de Saint-Hilaire, 2ᵉ brigade de la division (le colonel de Saint-Hilaire, du 99ᵉ, a été nommé général à la suite de la bataille de Frœschwiller, et a remplacé le général Maire, tué, dans le commandement de la 2ᵉ brigade), s'embarque à Neufchâteau, le 15 à midi. Arrivé à la station de Blesme, le général de Saint-Hilaire y trouve un ordre du Ministre de la guerre qui lui prescrit de laisser des troupes pour la défense de ce point qui est devenu tête de ligne et qui est menacé par les Prussiens qui s'avancent de ce côté. Le général de Saint-Hilaire envoie une dépêche au maréchal de Mac-Mahon pour le prévenir de l'ordre qu'il reçoit du Ministre. Pour l'exécution de cet ordre il laisse à la gare de Blesme un bataillon du 47ᵉ et un bataillon du 99ᵉ; avec le reste de sa brigade, il continue sa route pour le camp de Châlons où il arrive dans la nuit du 15 au 16.....

Le général Conseil-Dumesnil et la 1ʳᵉ brigade de la division..... ne partent de Neufchâteau que le 15 août, à 8 heures du soir. Le maréchal de Mac-Mahon est dans le même train. A la station de Bologne, le Maréchal reçoit la dépêche du général de Saint-Hilaire qui le prévient des ordres envoyés par le Ministre de la guerre pour la défense de Blesme. Le Maréchal fait arrêter le train à Bologne et se rend de sa personne à Blesme pour se rendre compte *de visu* de l'état des choses. Le 16, vers 8 heures du matin, il télégraphie au général Conseil-Dumesnil pour l'informer que la ligne de Blesme à Châlons n'est plus sûre et pour lui prescrire de se diriger, avec ses troupes, sur Chaumont et la ligne de Mulhouse—Paris. Le général Conseil-Dumesnil exécute immédiatement cet ordre et atteint Chaumont à 3 heures de l'après-midi; mais à peine entre-t-il en gare qu'il y trouve une nouvelle dépêche du Maréchal qui lui ordonne de revenir sur Blesme et Châlons, sans perdre de temps, la ligne étant encore libre. Le train se remet immédiatement en marche, passe à Blesme sans encombre et arrive au Petit-Mourmelon, vers 1 heure du matin le 17. Ce jour-là, la division est réunie au camp de Châlons.

Journal de marche de la réserve de cavalerie (2ᵉ *division*).

Départ de Poissons à 6 heures du matin. Arrivée à Saint-Dizier à 10 heures.

Renseignements.

Le Préfet des Vosges au Ministre de la guerre, à Paris (D. T.).

Épinal, 15 août, 7 h. 45 matin.

Le maire de Charmes me télégraphie qu'il vient de recevoir une forte réquisition pour la *11ᵉ* division de l'armée prussienne forte de 30,000 hommes qui doit passer dans sa commune aujourd'hui et demain.

Le Préfet des Vosges au Ministre de la guerre
(D. T.).

Épinal, 15 août, 2 h. 58 soir. Expédiée à 3 h. 35 soir (n° 31541).

Un cultivateur des Vosges arrive de Bayon disant qu'il a vu 1000 à 2,000 Prussiens construisant plusieurs ponts sur la Moselle pour passage de corps importants.

Au bas de la page : « Transmis au major général le 15 août. »

Le Général commandant le camp de Châlons au Ministre de la guerre (D. T.).

Camp de Châlons, 15 août, 6 h. 10 soir. Expédiée à 7 h. 15 soir (n° 31637).

Le maire de Sainte-Menehould m'envoie le télégramme suivant, daté du 15 août, 3 heures du soir :

« J'apprends de source presque certaine que les Prussiens sont entrés à Saint-Mihiel et à Villotte. Villotte est à peu de lieues de Clermont ; le chemin de fer n'est pas gardé, défiez-vous. Un régiment échelonné préviendrait bien des choses peut-être. »

J'envoie une brigade de cavalerie jusqu'à Sainte-Menehould et même en avant, s'éclairant sur Clermont en Argonne et sur sa droite, afin de protéger, s'il est possible, le chemin de fer Verdun à Mourmelon. Je place un régiment de lanciers à la Cheppe, s'éclairant au loin sur la la route de Bar-le-Duc.

Ni le maréchal de Mac-Mahon, ni le général Trochu ne sont arrivés. Que faut-il faire des trois dépôts de cavalerie, des hommes sans armes et des *impedimenta*, si l'ennemi s'approche en force avant l'arrivée des maréchaux Canrobert et de Mac-Mahon ? La mobile ne me sert à rien. Les quatrièmes bataillons ne savent en partie pas se servir de leurs armes.

J'aurai tout au plus 22,000 hommes à opposer à l'ennemi.

Je demande à Votre Excellence une prompte réponse.

En haut de la page de la main du Ministre général Palikao : « Faites évacuer de suite sur Paris, la mobile et les quatrièmes bataillons ; prévenir le général commandant de Paris. »

En marge de la main du Ministre : « Tout ce qui n'a pas dépassé Blesme sera dirigé sur Paris par Bar-sur-Aube. »

Journée du 16 août.

ÉTAT-MAJOR GÉNÉRAL.

Le comte de Palikao à la Compagnie de Lyon.

Donner à la Compagnie de Lyon l'ordre de suspendre le service des voyageurs et de diriger sur Paris, le plus promptement possible, le 7ᵉ corps qui est à Belfort et qui a reçu l'ordre de se tenir prêt.

Embarquer d'abord les troupes, puis le matériel.

Le général Schmitz au Ministre de la guerre (D. T.).

Camp de Châlons, 16 août, 8 h. 45 matin. Expédiée à 10 h. 20 matin (nᵒ 34842).

Je ne reçois communication de votre dépêche que ce matin à 8 h. 10. Je pense que c'est par une erreur de haute prudence que le général de Liniers désire mettre en retraite toutes les ressources de Châlons. Il y a là des dépôts de cavalerie qui ne sont pas faciles à mouvoir dans un moment de grande presse ; il y a encore bien d'autres intérêts militaires qui ne pourront être sauvegardés que par une retraite tranquille. J'ajoute, en le prenant sous ma responsabilité, que si l'ennemi arrive en forces au camp de Châlons, il n'est pas prêt à le recevoir et on est exposé aux plus grands désastres. La première chose absolument nécessaire est de sortir l'élément de désorganisation, c'est-à-dire les dix-huit bataillons de mobiles, tout aussi bien que les isolés en nombre très considérable, qui ne peuvent qu'apporter une perturbation déplorable à une opération régulière quelconque. Je ne connais pas la situation de l'armée de Metz, mais si elle est en retraite, pensez-vous qu'elle puisse arriver au camp de Châlons avant que le Prince royal, que l'on dit à Bar-le-Duc, n'ait tenté une attaque sur notre position au camp ? La vérité est que, s'il continue à s'avancer nous ne pourrons lui résister sur la position du camp qui n'est pas défendable. Il faut absolument choisir une position en arrière entre Marne et Seine, d'Epernay à Vertus, par exemple. Je ne parle ici que de la sécurité des troupes de Châlons et du camp, car cette position à l'inconvénient de placer la Marne entre l'armée de Metz et nous.

Onze ou douze batteries Canrobert sont restées ici. Si, comme on paraît le supposer, l'ennemi est à Bar, il faut absolument prendre des mesures d'urgence pour débarrasser le camp des éléments désorganisateurs signalés plus haut. Le maréchal Mac-Mahon n'est pas arrivé; il y a environ trois divisions au camp, le reste suit.

Le Ministre de la guerre au Général commandant le camp de Châlons (D. T.).

Paris, 16 août, 10 h. 12 matin (n° 24464).

Tenez-moi au courant de la marche de l'ennemi. Sont-ce seulement des coureurs qui sont signalés entre Verdun et Sainte-Menehould? Tâchez de savoir positivement si la communication avec Verdun est libre afin que je fasse passer des approvisionnements.

Le Général commandant le camp de Châlons au maréchal Bazaine (D. T.).

Camp de Châlons, 16 août, 12 h. 25 soir. Expédiée à 4 h. 55 soir (n° 32004).

Une portion seulement du corps de Mac-Mahon est arrivée au camp de Châlons. Le Maréchal lui-même, croyant la gare de Blesme menacée, paraît avoir pris, avec les dernières divisions de son corps d'armée, le chemin de Bar-sur-Aube. J'ignore quand il arrivera. Le Ministre de la guerre a écrit ici au Maréchal une dépêche portant suscription : « Très urgent. » J'ai ouvert cette lettre qui parle de la composition d'une armée à Châlons et en termes généraux d'une combinaison d'opérations entre cette armée, quand elle sera constituée, et celle de Votre Excellence. Je m'empresse de vous en prévenir afin que vous sachiez que vos prescription ne pourraient pas être actuellement communiquées au maréchal Mac-Mahon. L'arrivée de ce dernier vous sera signalée aussitôt par télégraphe.

Le Ministre de la guerre au Commandant des troupes établies à Blesme (D. T.).

Paris, 16 août.

Dites-moi quelles sont les troupes que vous avez auprès de vous? Restez à Blesme tant qu'il y passera des trains de troupe venant de Chaumont. Éclairez-vous, très au loin, par quelques cavaliers, du côté de Bar-le-Duc et dans la direction de Saint-Dizier.

Le Ministre au Général commandant le camp de Châlons (D. T.).

Paris, 16 août.

Je vous remercie de vos renseignements sur les troupes présentes au camp. Les mesures que vous avez prises pour protéger la gare de Blesme et pour éclairer les routes de Bar-le-Duc et de Chaumont sont parfaitement entendues.

Le Ministre au Général de la 4ᵉ division, à Châlons (D. T.).

Paris, 16 août, 5 h. 51 soir (n° 24319).

Je vous confirme la dépêche que j'ai adressée à 1 h. 45 au général Trochu. Ne prenez aucune mesure. Les corps Mac-Mahon et de Failly doivent passer en ce moment à Blesme et termineront prochainement leur mouvement sur Châlons. Le maréchal de Mac-Mahon vous communiquera mes ordres.

Journée du 16 août.

1ᵉʳ CORPS.

a) Journaux de marche.

Journal de marche du 1ᵉʳ corps.

Le mouvement de l'infanterie continue par le chemin de fer. La 1ʳᵉ division (Ducrot), dernière à embarquer à Neufchâteau, a commencé son opération dans la nuit, et continue dans la matinée du 16.

L'artillerie de réserve se porte le 16, de Joinville à Doulevant, au lieu d'aller à Vassy, sa première direction. Cette modification dans sa marche a pour but de l'éloigner davantage de la zone d'opérations de l'ennemi.

Les divisions de cavalerie Bonnemains et Duhesme, qui, dans l'ordre primitif, devaient attendre à Saint-Dizier que l'artillerie arrive à leur hauteur, rétrogradent sur Vassy pour rendre leur protection plus efficace. Elles couchent le 16, la division Bonnemains à Vassy et la division Duhesme à Ragecourt.

Le même jour, les batteries divisionnaires et le train des équipages rejoignent l'artillerie de réserve à Doulevant. La brigade Septeuil s'arrête entre Nomécourt et Morancourt.

2ᵉ DIVISION.

16, 17, 18, 19, 20 août. Séjour au camp de Châlons.

Les distributions se font régulièrement. Les troupes reçoivent de nouveaux sacs, des effets de campement et des couvertures. Les officiers des corps reçoivent des voitures du train des équipages pour le transport de leurs bagages. Pendant le séjour au camp, le maréchal de Mac-Mahon prend le commandement de l'armée dite de Châlons, laquelle se compose des 1er, 5e, 7e et 12e corps.

3e DIVISION.

16, 17, 18, 19, 20 août. Séjour au camp de Châlons.

Pendant ces journées on s'occupe de réorganiser l'armée qui a si cruellement souffert depuis l'ouverture des hostilités. Des renforts arrivent aux divers corps.

Le 36e reçoit 500 hommes ; on donne aux soldats des sacs, des tentes, des effets de toute nature, on répare les armes, la tenue. Le moral des troupes se fait rapidement, elles retrouvent leur confiance et un peu de gaieté.

3e DIVISION (2e brigade).

L'armée arrivée au camp de Châlons cherche à se reconstituer. Elle y trouve des ressources de toute nature qui sont pour elle d'un immense secours. Elle avait en effet perdu, après la terrible lutte de Fræschwiller et ses marches rapides, une grande partie de ses objets de première nécessité, havresacs, effets de toute sorte, tentes, marmites, etc. Beaucoup d'officiers, presque tous, avaient perdu tous leurs bagages. On se hâte de tout réparer aussi bien que possible, de remonter les effectifs, de se mettre, en un mot, en état de reprendre les opérations. Les dernières compagnies de tirailleurs algériens, qui n'avaient pu s'embarquer avec leur régiment vinrent nous rejoindre. D'heureux changements se font sentir. Le soldat retrouve sa confiance et parfois sa gaieté, il semble animé du désir de venger sa défaite. Malheureusement, il se laisse trop aller à de fâcheux instincts de pillage dans les propriétés. Des ordres sévères de la division et du corps d'armée les ramènent cependant à de meilleurs sentiments.

4e DIVISION.

Journal privé du colonel d'Andigné, chef d'état-major.

Nous croyant arrivés au camp, nous nous réveillons, le général de Lartigue et moi, à 5 heures du matin, mais nous ne sommes qu'à Joinville.

Le Maréchal, sur le faux bruit que les Prussiens occupent Bar-le-Duc et marchent sur Blesme, nous fait rétrograder sur Chaumont. Nous y arrivons à 11 heures, après avoir passé sur un viaduc superbe.

Là, de nouvelles dépêches rassurantes sur la sécurité de la voie sont reçues et nous revenons par Blesme sur Mourmelon.

L'administration fait donner avis dans les gares que des trains chargés de militaires et manquant de vivres, vont passer, et, de toutes parts, les populations accourent, apportant du pain, des viandes froides et malheureusement trop de vin, car il est très difficile d'empêcher certains hommes de se livrer à leur gloutonnerie.

c) Opérations et mouvements.

Le maréchal de Mac-Mahon au Ministre et au maréchal Bazaine, à Metz (D. T.).

Joinville, 16 août, 3 h. 42 matin.

Trois de mes divisions ont été dirigées par le chemin de fer sur Châlons, mais sans artillerie ni réserve divisionnaire; les deux autres divisions, toute l'artillerie et toute la cavalerie se dirigeaient également sur ce point, lorsqu'à Joinville le commandant du camp de Châlons m'a prévenu que Bar-le-Duc était occupé par l'ennemi, et qu'il avait des craintes pour Blesme; dans cette situation, me voyant dans l'impossibilité de faire marcher mon artillerie assez vite pour lui faire gagner Vitry avant l'ennemi, je me suis rabattu avec tout ce que j'ai en arrière sur Bar-sur-Aube où sera demain toute la cavalerie; je pense qu'il y aura lieu de diriger tout ce qu'il me reste d'infanterie par chemin de fer sur Paris, d'où elle pourrait revenir sur Châlons s'il y avait lieu.

Artillerie et cavalerie prendraient la route de terre pour se porter sur Bar-sur-Aube sur la direction de Méry-sur-Seine, à moins que l'on ne mette à sa disposition les wagons nécessaires pour prendre les voies ferrées.

J'attends vos ordres à Bar-sur-Aube.

Le Ministre au maréchal de Mac-Mahon, à Joinville (D. T.).

Paris, 16 août, 7 h. 46 matin.

Blesme doit être occupé par une brigade d'infanterie, une batterie et un régiment de cavalerie venus de Châlons.

Assurez-vous bien exactement que la ligne est interceptée avant de prendre celle de Paris.

Réponse immédiate.

*Le Ministre au maréchal de Mac-Mahon, à Chau-
mont ou à Bar-sur-Aube (D. T.).*

Paris, 16 août, 8 h. 30 matin (n° 21130).

Impossible que la voie soit interceptée à Blesme, où il y a depuis
cette nuit un bataillon de votre corps et une brigade d'infanterie avec
artillerie et cavalerie. Reçu encore ce matin une dépêche du commandant de ces troupes qui ne parle d'aucune force prussienne.

*Le maréchal de Mac-Mahon au Ministre de la
guerre (D. T.).*

Chaumont, 16 août, 10 h. 45 matin. Expédiée à 11 h. 20 matin (n° 31848).

D'après les renseignements venus de Paris et de Blesme je reprends
la direction de Châlons pour Vitry avec le corps du général de Failly.

*Le maréchal de Mac-Mahon au Ministre, à Paris,
et au maréchal Bazaine, à Metz (D. T.).*

Joinville, 16 août, 4 h. soir.

La ligne de Blesme est rouverte. Les trois divisions d'infanterie du
1er corps et l'infanterie du corps Failly continuent par trains sans interruption; elles arriveront ce soir à Châlons et Vitry. La cavalerie et
l'artillerie du 1er corps arriveront au camp de Châlons le 19, celles du
corps Failly arriveront le 18 à leur destination.

*Le Ministre au maréchal de Mac-Mahon, à Join-
ville (D. T.).*

Paris, 16 août, 11 h. 45 soir.

Je préviens le général de Failly que Vitry reste son objectif. Vous
m'annoncez que l'artillerie du 1er corps ne sera à Châlons que le 19; la
Compagnie de l'Est m'a prévenu qu'elle avait un matériel suffisant pour
transporter une grande quantité d'artillerie; ne serait-il pas possible de
hâter le mouvement en vous concertant avec elle?

Le maréchal de Mac-Mahon au général Duhesme.

16 août.

L'ennemi occupant Bar-le-Duc, et poussant des coureurs jusqu'à
Blesme, je rabats sur Bar-sur-Aube et Troyes toutes les troupes du
1er corps qui ne sont point encore parties pour Châlons.

Vous avez pour mission de couvrir avec la cavalerie toute l'artillerie du corps qui viendra coucher ce soir entre Doulevant et Bar-sur-Aube. Dirigez votre marche de façon que toute votre cavalerie soit établie demain 17 entre Brienne et Doulevant et cantonnée dans les villages qui se trouvent sur cette direction.

Le 18, vous irez coucher entre Piney et Troyes. Le 19, l'artillerie cheminant sur la rive gauche de la Seine, vous suivrez la rive droite pour vous porter à Méry.

Ordre.

Toute l'artillerie du corps d'armée sera dirigée, sous les ordres du général Forgeot, sur Bar-sur-Aube, en passant par Doulevant. Elle se rapprochera aujourd'hui de Bar-sur-Aube, autant que possible. Toute la cavalerie est chargée de couvrir l'artillerie, et marchera en arrière d'elle. Le général Forgeot fera connaître au général Duhesme les points qu'il occupe. Cette cavalerie sera établie aujourd'hui sur la Blaise entre Courcelles et Flammerécourt.

Le quartier général sera à Bar-sur-Aube.

Le 6e lanciers attendra à Joinville le passage de la brigade Septeuil à laquelle il se joindra.

Le Commandant du 1er corps au général de Septeuil.

Ordre.

La brigade Septeuil couchera ce soir à Joinville sur la rive gauche de la Marne ; elle sera ralliée à Joinville par le 6e lanciers qui marchera jusqu'à nouvel ordre avec elle.

L'artillerie que cette brigade était chargée de couvrir prendra les devants pour se diriger sur Bar-sur-Aube.

Demain 17, la cavalerie du général de Septeuil s'établira à Courcelles-sur-Blaise et Dammartin, se reliant avec toute la cavalerie du 1er corps qui sera demain soir cantonnée entre Brienne et Doulevant. A partir de ce moment, le général de Septeuil prendra les ordres du général Duhesme.

Donnez l'ordre au train des équipages qui marche avec l'artillerie de suivre les mouvements de cette dernière.

Journée du 16 août.

5e CORPS.

a) Journaux de marche.

Journal de marche rédigé par le colonel Clémeur.

Le 5e corps part à 5 heures du matin de ses différents bivouacs des environs de Montigny-le-Roi pour se rendre à Chaumont.

Cette localité avait été choisie comme direction, en raison de son importance comme point de jonction du chemin de fer de Paris à Belfort et Mulhouse, et celui de Chaumont à Blesme, reliant le premier à la principale ligne de l'Est, celle de Paris à Strasbourg.

La distance qui sépare Montigny de Chaumont est de 28 kilomètres.

Arrivé à Chaumont dans la matinée, le général en chef reçoit du maréchal de Mac-Mahon l'avis qu'il se dirige définitivement sur le camp de Châlons et que pour pouvoir exécuter un pareil mouvement, il est de toute urgence que, l'ennemi se trouvant maître du chemin de fer de Commercy à Bar-le-Duc, la position de Blesme doit être fortement occupée par le 5e corps.

Du reste, il est très important que toute la ligne de Chaumont à Blesme, qui doit servir au transport du 5e corps et ensuite à celui du 7e, venant de Belfort, soit fortement gardée.

En conséquence, le général de Failly décide que la division Goze, qui vient à peine d'arriver à son camp près de la ville, sera désignée pour cette mission et relèvera le 20e de ligne laissé par le Maréchal pour la garde de cette ligne.

Une brigade ira prendre position à Blesme pour protéger la bifurcation du chemin de fer et couvrir Châlons, l'autre brigade sera envoyée à Saint-Dizier et laissera des détachements le long du chemin de fer à Bologne, Vignory, Joinville et Chevillon pour le protéger d'une manière efficace.

Les gares de Blesme, Saint-Dizier et Joinville doivent être mises en état de défense par le général Goze.

Toutes ces troupes commencent leur embarquement sur le chemin de fer à 4 heures du soir. Six trains successifs les emportent avec l'escadron divisionnaire du 5e hussards, une batterie d'artillerie et une section du génie avec une prolonge.

Le général de Failly envoie en outre l'ordre à sa cavalerie de se diriger à marches forcées de Clefmont sur Andelot, Chevillon, la Houpette, afin d'éclairer les détachements d'infanterie chargés de protéger la voie.

Ces différents mouvements s'exécutent avec ensemble et précision, et les quelques éclaireurs ennemis qui se montrent dans la soirée à quelque distance du chemin de fer, sont partout repoussés.

Le général en chef voyant que la ville de Chaumont n'est pas encore menacée, décide que la journée du lendemain 17, sera un jour de repos pour ses troupes qui n'en ont pas eu depuis leur départ de Bitche, et qui en ont le plus grand besoin.

A 11 h. 30 du soir, le général reçoit du Ministre de la guerre, en partie chiffrée, une dépêche ainsi conçue :

« La Compagnie de l'Est m'a fait savoir qu'elle a le matériel suffisant pour transporter votre artillerie. Mieux vaudrait vous concerter avec elle à ce sujet que d'employer la voie de terre qui me paraît longue.

« Je vous autorise à diriger sur Châlons, par Paris, le parc d'artillerie du 5e corps et même l'équipage de pont. Cependant si la voie de Blesme est encore libre, pour éviter au matériel un si long détour, je préférerais que vous en fissiez usage. »

Dans la journée du 17, un individu inculpé d'espionnage est traduit devant un conseil de guerre assemblé par ordre du général en chef. Cet homme, défendu par un avocat de la ville, est acquitté.

Journal de marche rédigé par le capitaine de Piépape.

Le 5e corps se porte de Montigny-le-Roi sur Chaumont, une division par Nogent, les autres par Biesles. Le général en chef reçoit l'ordre de se concentrer le plus promptement possible à Chaumont, afin de pouvoir y embarquer son corps d'armée pour Blesme (1). A Chaumont, les troupes, épuisées par la longue et rapide retraite qu'elles exécutent depuis le 6 août, reçoivent un jour de repos.

La ligne de Chaumont à Blesme, destinée à servir au transport du corps d'armée sur Châlons, devient dès lors, comme précédemment celle

---

(1) Le maréchal de Mac-Mahon qui ne regardait pas alors le 5e corps d'armée comme placé sous son commandement direct, fait connaître qu'il dirige sa marche définitivement sur Châlons, et que le 5e corps doit occuper Blesme, qui se trouve menacé par l'ennemi. (*Note du manuscrit.*)

de Sarreguemines à Bitche, de première importance à garder comme communication.

Le Ministre de la guerre écrit à cet égard au général de Failly : (*Voir la dépêche précédente.*)

D'autres ordres du Ministre prescrivent au général en chef d'aller, avec son corps d'armée, prendre position à Vitry-le-François, et de s'y mettre sous le commandement du maréchal de Mac-Mahon dont le quartier général est au camp.

Les deux divisions du 7e corps, restées à Belfort, doivent également opérer leur mouvement de retraite par la voie ferrée de Chaumont à Blesme.

A 5 heures du soir, la 1re brigade (1) de la division Goze, à peine installée dans son bivouac, autour de Chaumont, ploie ses tentes et va s'embarquer à la gare, en six trains successifs, dont les compositions et les destinations sont les suivantes (2) :

1er train. — 1500 hommes d'infanterie (11e de ligne), une compagnie de chasseurs.

2e train. — L'escadron divisionnaire de hussards avec le colonel Flogny, l'état-major du 5e hussards et environ 150 chevaux, dont 40 pour l'état-major.

Les chevaux des officiers supérieurs partis par le premier train, un bataillon du 61e de ligne, une compagnie de chasseurs, une section d'artillerie, une section du génie avec prolonge.

3e train. — Deux bataillons du 61e de ligne, deux sections d'artillerie, plus les chevaux des fractions précédentes.

Ces trois trains sont dirigés sur Saint-Dizier.

1re DIVISION.

Départ à 4 heures, on passe à Noyers, Is-en-Bassigny, Mandres, Biesles.

La 1re brigade arrive à Chaumont à 2 heures, la 2e, qui marche à la gauche du 5e corps, n'y arrive qu'à 7 heures du soir.

---

(1) Cette brigade est envoyée à Blesme pour protéger la bifurcation du chemin de fer et couvrir Châlons. (*Cette note est dans le manuscrit.*)

(2) Le 5e corps fournit le détachement de Bologne, Vignory, Joinville et Chevillon, pour éclairer les détachements d'infanterie chargés de protéger la voie. Partout les éclaireurs ennemis sont repoussés. (*Cette note est dans le manuscrit.*)

La 1ʳᵉ brigade s'embarque vers 8 heures pour Saint-Dizier. L'embarquement dure toute la nuit; au moment de s'embarquer le 4ᵉ régiment de chasseurs est dirigé à pied sur Bologne.

2º DIVISION.

On se met en marche à 5 heures du matin. Au lieu de prendre par Mennouveaux, on se dirige par Longchamp, Millières, Ageville, sur Biesles, où l'on fait la grand'halte. Là on rejoint la grande route de Bourbonne-les-Bains à Chaumont. La division arrive à Chaumont à 5 heures du soir. La marche a été retardée à Biesles par la rencontre de la division Guyot de Lespart et de la brigade Saurin, arrivant l'une et l'autre par la grande route et se dirigeant également sur Chaumont. On avait franchi le Rognon au moulin d'Ageville et on avait quitté le bassin de ce cours d'eau près de Biesles, sur la grande route.

Le chemin est généralement bon.

Le temps a été beau.

Pendant cette marche, le général de L'Abadie reçoit l'ordre de requérir le plus grand nombre possible de voitures pour transporter les sacs des hommes et les éclopés. Les habitants des villages d'Esnouveaux et d'Ageville, qui se trouvaient alors à portée de la colonne, mirent le plus louable empressement d'en fournir. Le maire d'Esnouveaux se fit remarquer par son zèle dans cette circonstance. Ces voitures, réparties entre les bataillons, furent d'un grand secours, on en mit quelques-unes à la disposition de la brigade Nicolas, qui suivit la division jusqu'à Biesles et qui, de Clefmont, avait passé par Mennouveaux, non sans rencontrer des endroits difficiles à franchir.

La division de L'Abadie s'établit au bivouac, partie sur les boulevards, partie à proximité, dans un terrain touchant à un ancien cimetière, et dans la ville.

La division Goze, la division Guyot de Lespart, la réserve d'artillerie, sont également dans Chaumont, ainsi que le parc du génie et la réserve des mulets du train.

La cavalerie y arrive à 8 heures du soir et s'établit dans la prairie à côté du pont de la Marne.

Le 5ᵉ corps doit être transporté de Chaumont à Vitry-le-François, par le chemin de fer, gardé jusqu'alors par le 20ᵉ de ligne détaché du camp de Châlons à cet effet.

L'embarquement commence le soir même; la compagnie du génie de la réserve est envoyée à Blesme pour mettre ce point important en état de se défendre, ainsi que Saint-Dizier.

L'état-major de la division Goze va s'établir à Saint-Dizier avec la brigade Saurin. Celle-ci laisse le 4ᵉ bataillon de chasseurs à pied à la station de Bologne, et le 46ᵉ à Joinville, le 11ᵉ de ligne va à Saint-Dizier.

La brigade Nicolas part à 1 heure du matin pour Blesme.

Le 16, la cavalerie du 1ᵉʳ corps était à Vassy.

DIVISION DE CAVALERIE.

De Fresnoy, la colonne se dirige par Meuse, Montigny-le-Roi, Nogent et Biesles sur Chaumont où elle arrive à 8 heures du soir. Les deux régiments sont bivouaqués dans les prairies à côté du pont de la Marne. Le quartier général du 5ᵉ corps est à Chaumont, où la plus grande partie du corps est réunie.

ARTILLERIE.

Rapport du colonel de Fénelon.

Le 5ᵉ corps arrivé à Chaumont et commence, dès ce jour, l'embarquement de ses divisions pour Vitry et Blesme.

La division Goze ayant été désigné pour occuper la ligne du chemin de fer de Chaumont à Vitry que l'on croyait menacée, les batteries Lauaud et Gastine furent détachées avec la 1ʳᵉ brigade et l'état-major de la division à Saint-Dizier; la batterie Desmazières occupa à Blesme, avec la 2ᵉ brigade, la croisée des chemins de fer de Chaumont et de Bar-le-Duc.

Le mouvement du 5ᵉ corps, de Chaumont à Vitry, s'étant effectué pendant les journées des 16, 17 et 18, la division Goze effectua sa retraite sur Vitry le 18 au soir; elle continua ensuite le mouvement sur Châlons et Reims où elle arriva le 21 août, de concert avec la cavalerie et les deux autres divisions du corps.

c) Opérations et mouvements.

Le général de Failly au Ministre de la guerre (D. T.).

Chaumont, 16 août, 9 h 45 matin. Expédiée à 10 h. 10 matin (n° 31813).

La brigade du camp de Châlons que vous m'annoncez à Blesme n'est point arrivée; il n'y a que 800 mobiles. Le maréchal Mac-Mahon est ici en ce moment. Il reprend son mouvement sur Vitry par le chemin de fer. Je ne puis savoir à quelle heure la voie sera libre pour mon corps d'armée qui est en marche forcée sur Chaumont, mais qui ne pourra arriver que tard dans la journée.

Le Ministre de la guerre au général de Failly, à Chaumont (D. T.).

Paris, 16 août.

Je vous recommande de ne pas perdre une minute pour suivre avec votre corps d'armée la route du maréchal de Mac-Mahon.

Le même au même (D. T).

Paris, 16 août.

La Compagnie de l'Est m'a fait savoir qu'elle a le matériel suffisant pour transporter votre artillerie; mieux vaudrait vous concerter avec elle à ce sujet que d'employer la voie de terre qui me paraît bien longue. Je vous autorise à diriger sur Châlons par Paris le parc d'artillerie du 5e corps, et même l'équipage de pont. Cependant si la voie de Blesme était encore libre, je préférerais que vous en fissiez usage pour éviter au matériel un si long détour.

Ordre du général de Failly.

Chaumont, 16 août.

L'artillerie de réserve se mettra en marche demain pour Châlons. Elle fera étape :

Le 17 à Bar-sur-Aube.
Le 18 à Brienne.
Le 19 à Arcis-sur-Aube.
Le 20 à Sommesous.
Le 21 à Châlons.

La cavalerie (5e lanciers et 12e chasseurs) se rendra à Châlons en suivant une route parallèle à celle de l'artillerie de réserve. Les points où elle devra faire étape ne lui sont pas assignés. Elle devra toutefois passer à Doulevant, Montiérender, Saint-Rémy, Sommepuis, Vésigneul, Écury-sur-Coole, Châlons; elle devra diriger sa marche de manière à couvrir toujours l'artillerie de réserve.

Une batterie divisionnaire par division ne prendra pas le chemin de fer, elle suivra l'artillerie de réserve. Les deux batteries de la division L'Abadie suivront cette division.

L'intendant du corps d'armée détachera un sous-intendant à l'artillerie de réserve, dont la colonne sera commandée par M. le général Liédot. Ce sous-intendant devra, dès ce soir, aller se mettre à la disposition du général Liédot, à l'hôtel de l'Écu.

La division L'Abadie emmènera avec elle ses deux batteries, contrairement aux prescriptions ci-dessus.

Journée du 16 août.

7ᵉ CORPS.

a) Journaux de marche.

Notes sur les opérations de la 1ʳᵉ division d'infanterie du 7ᵉ corps.

Le 16, vers huit heures du matin, le Maréchal télégraphie au général Conseil-Dumesnil pour l'informer que la ligne de Blesme à Châlons n'est plus sûre et pour lui prescrire de se diriger, avec ses troupes, sur Chaumont et la ligne de Mulhouse—Paris.

Le général Conseil-Dumesnil exécute immédiatement cet ordre et atteint Chaumont à 3 heures de l'après-midi ; mais, à peine entre-t-il en gare, qu'il y trouve une nouvelle dépêche du Maréchal qui lui ordonne de revenir sur Blesme et Châlons sans perdre de temps, la ligne étant encore libre.

Le train se remet immédiatement en marche, passe à Blesme sans encombre et arrive au Petit-Mourmelon vers une heure du matin le 17. Ce jour-là, la division est réunie au camp de Châlons.

DIVISION DE CAVALERIE.

Le 4ᵉ hussards porte sa grand'garde de Denney à Bessoncourt avec un petit poste à Phaffans.

L'escadron du 4ᵉ hussards, désigné le 13 pour faire le service d'escorte du quartier général, vient s'établir au bivouac entre la porte de Neuf-Brisach et la porte de l'Espérance.

Le 8ᵉ lanciers part pour relever le 4ᵉ lanciers à Bessoncourt, Valdieu, Dannemarie et Altkirch.

c) Opérations et mouvements.

Le Ministre au général Douay, à Belfort (D. T.).

Paris, 16 août, 8 h. 20 matin.

Vous irez par les voies ferrées sous les murs de Paris, avec votre corps d'armée, en passant par la vallée du Doubs et par Dijon. Tenez-moi au courant de votre marche et accusez-moi réception de ce télégramme.

Le même au même (D. T.).

Paris, 16 août.

La ligne de Vesoul et Langres est libre : prenez-la donc pour effectuer le mouvement de votre corps d'armée qui doit se rendre au camp de Châlons, autant que possible par Chaumont et Blesme. N'oubliez pas votre parc d'artillerie qui est à Langres.

Journal de marche de la réserve de cavalerie (2ᵉ division).

Le 16, départ de Saint-Dizier à 6 h. 15 du matin pour Vassy, avec ordre de continuer la retraite sur Brienne-le-Château et Troyes.

Renseignements.

Le Sous-Préfet de Verdun au Général commandant le camp de Châlons (D. T.)

Verdun, 16 août, 6 h. 25 matin. Expédiée à 9 h. matin (n° 31772).

L'ennemi ne s'est pas montré du côté de Clermont.
On s'est battu hier à 10 kilomètres de Fresnes, le Maréchal n'est pas arrivé ici.

Le Général commandant le camp de Châlons au Ministre de la guerre (D. T.).

Camp de Châlons, 16 août, 12 h. 40 soir. Expédiée à 1 h. 20 soir (n° 31924).

J'ai des nouvelles de Sainte-Menehould et de Verdun de ce matin. J'ai de la cavalerie à Clermont-en-Argonne et aux Islettes ; la route était libre ce matin à 9 h. 25. J'ai tout lieu de croire qu'elle l'est encore, l'ennemi n'avait pas paru ce matin sur la route de Bar-le-Duc, qui a été explorée jusqu'à 45 kilomètres du camp ; de ce point extrême un officier a été à travers champs jusqu'à Vitry, d'où il m'a envoyé un télégramme annonçant que l'ennemi n'avait été signalé nulle part.

Le Préfet de la Meuse au Ministre de l'intérieur
(D. T.).

Bar-le-Duc, 18 août, 9 h. 20 matin. Expédiée à 10 h. 5 matin (n° 31801).

Pas encore de Prussiens à Bar ; population dans un état de surexci-
tation qui, hier, approchait de la folie. Un peu plus calme ce matin.

Source prussienne (D. T.).

Bruxelles, 16 août, 2 h. 38 soir. Reçue à 5 h. soir.

Herny, 15 août. — Hier, dans l'après-midi, le Ier et le VIIe corps
d'armée ont attaqué les troupes françaises qui se trouvaient hors de
Metz.

Après un combat sanglant, les Français ont été refoulés dans la ville.
Les pertes du côté des Français sont évaluées à 4,000 hommes.

Aujourd'hui le Roi a fait une grande reconnaissance; le Roi s'est
porté, pendant plusieurs heures, entre les deux chaînes des avant-
postes, sans que l'ennemi ait fait aucune démonstration, ce qui prouve
un grand découragement du côté des Français.

En marge au crayon : Adressée de Paris le 17 août, par le Ministre
au chef d'état-major général à Metz.

*Le Sous-Préfet aux Ministres de la guerre et de
l'intérieur, au général Douai, à Belfort, et au Préfet
de Colmar* (D. T.).

Schlestadt, 16 août. Expédiée à 10 h. 45 soir (n° 32032).

Communications télégraphiques coupées du côté de Strasbourg avec
Sundhausen, Benfeld, Erstein, Obenheim. Chemin de fer, ponts coupés
par soins Compagnie Est. Toutes nos communes avoisinantes Erstein,
Benfeld, Ebersheim, Dambach, Barr, Obernai occupées par détachements cavalerie badoise, 30 à 40 hommes. Ne crois cette occupation
bien redoutable. On m'assure qu'elle compte trois brigades. Phalsbourg
aurait fait défense héroïque et forcé ennemi à rétrograder après trois
attaques successives. En deux jours elle aurait fait subir pertes sensibles
à ennemi. On me dit aussi qu'à Bitche les Prussiens auraient perdu
15,000 hommes. Ces renseignements parviennent hommes sûrs, qui
arrivent de Saverne. L'un d'eux a été prisonnier au retour au moment
où il essayait de passer Strasbourg. Il me dit qu'armée prince Charles,
forte 170,000 à 180,000 hommes aurait passé vendredi par vallée Drusen-

heim ; 10,000 hommes auraient passé par Saverne avec 70 pièces canon et obligés venir reprendre Drusenheim par suite résistance Phalsbourg. Le prince Charles aurait couché à Monsviller vendredi.

En marge : Envoyée au maréchal Bazaine le 17 août, à 10 h. 30 du matin.

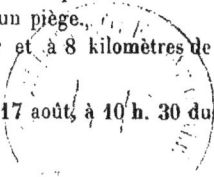

Le Préfet de la Meuse au Ministre de la guerre (D. T.).

Bar-le-Duc, 16 août, 11 h. soir. Expédiée le 17 à 2 h. 30 matin (n° 32273).

Un nouveau renseignement qui me paraît certain porte à 5,000 hommes les troupes prussiennes qui sont près de Saint-Mihiel, savoir : deux régiments de cavalerie, lanciers et dragons de la Garde, dit-on, un régiment d'infanterie, un régiment d'artillerie. La cavalerie est campée dans le village de Fresnes-au-Mont, l'infanterie et l'artillerie dans les bois voisins.

Ces troupes ne paraissent pas rassurées ; elles disent qu'elles ne savent pas où aller et qu'on veut les faire tomber dans un piège.

Fresnes-au-Mont est à 16 kilomètres de Bar et à 8 kilomètres de Saint-Mihiel.

En marge : Envoyée au maréchal Bazaine le 17 août, à 10 h. 30 du matin.

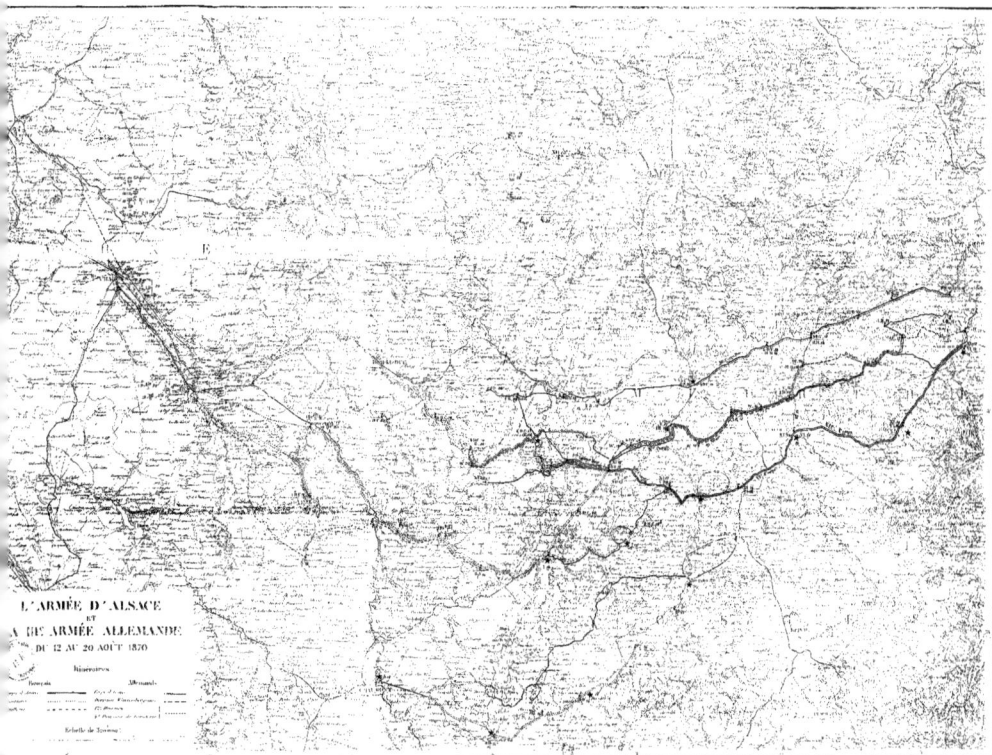

L'ARMÉE D'ALSACE
ET
A IIIᵉ ARMÉE ALLEMANDE
DU 12 AU 20 AOÛT 1870

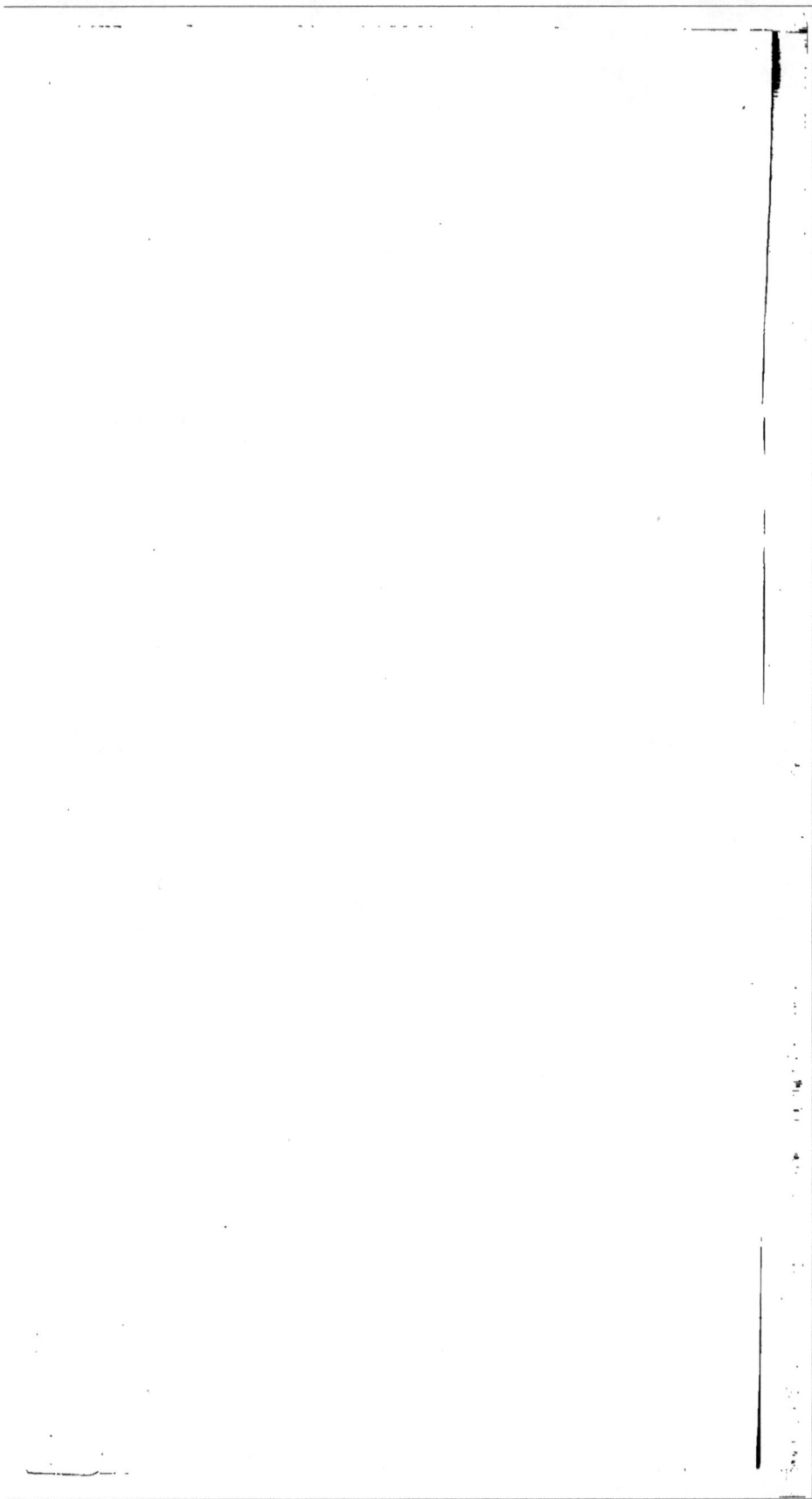

PARIS. — IMPRIMERIE R. CHAPELOT ET C^o, RUE CHRISTINE, 2.

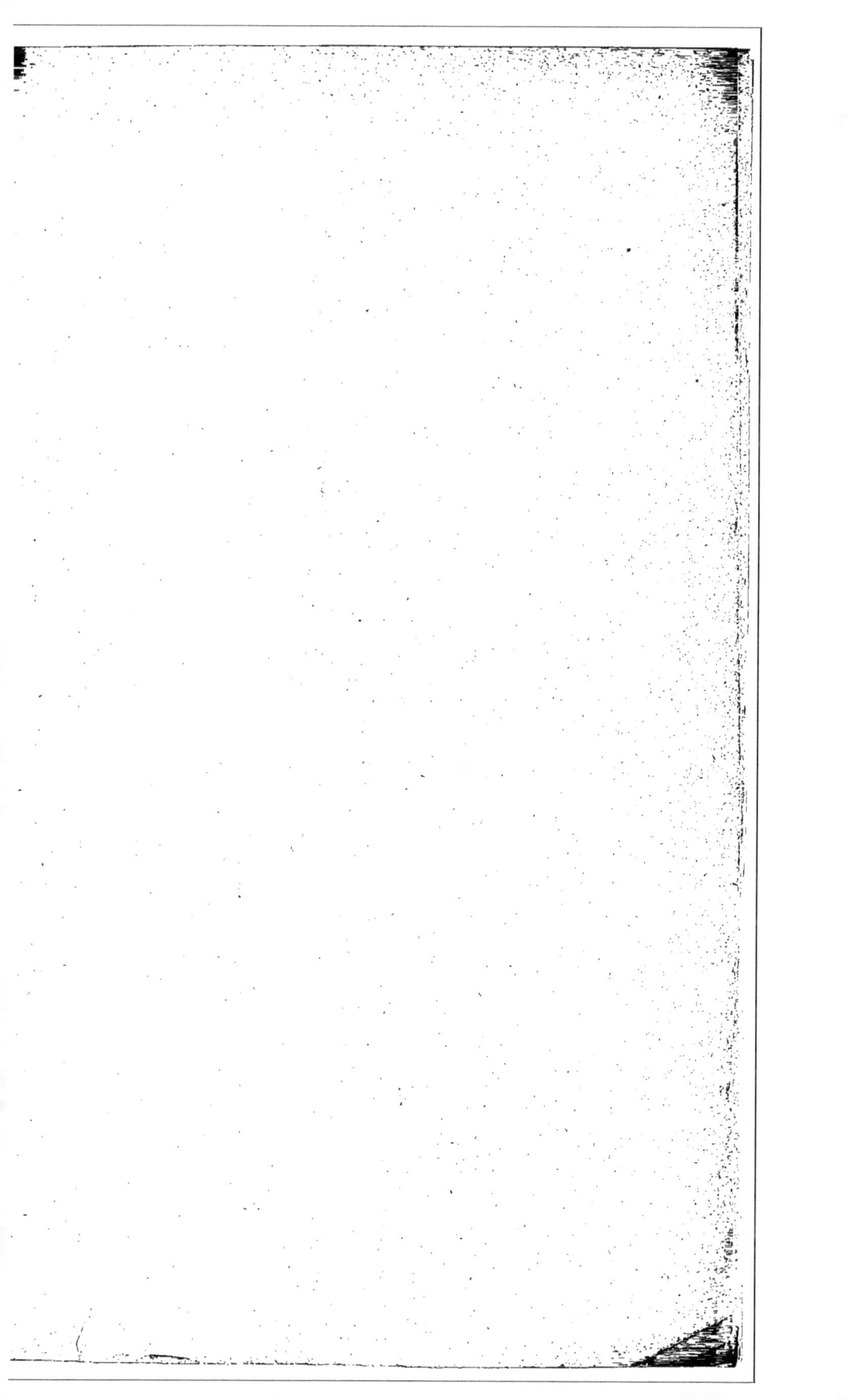

LIBRAIRIE MILITAIRE R. CHAPELOT & C°
30, Rue et Passage Dauphine, à Paris

Vues des Champs de bataille

DE

WISSEMBOURG

ET DE

FROESCHWILLER

4 et 6 août 1870

PAR

H. FAMELART, CAPITAINE D'ARTILLERIE

Avec Lettre-Préface de M. le Général H. BONNAL

Paris, 1905. Album in-folio oblong comprenant 30 planches (format 31×42)
2 cartes et des légendes explicatives. 6 fr.

Général H. BONNAL

L'ESPRIT DE LA GUERRE MODERNE

LA

MANŒUVRE DE LANDSHUT

ÉTUDE SUR LA STRATÉGIE DE NAPOLÉON

ET

SA PSYCHOLOGIE MILITAIRE

DEPUIS

le milieu de l'année 1808 jusqu'au 30 avril 1809

Paris, 1905, 1 vol. in-8 avec 10 cartes. . . . . 10 fr.

Paris. — Imprimerie R. CHAPELOT et C°, rue Christine, 2.

www.ingramcontent.com/pod-product-compliance
Lightning Source LLC
Chambersburg PA
CBHW071810090426
42737CB00012B/2031